Helga Sander

Kerzen verzieren für feierliche Anlässe

Ehesegen
Aus der Myrte
Grün
Möge Silber Euch
Aus des Silbers
Weiß
Blüh' Euch dann
gold'nes Reis.
Zur hl. Taufe

Helga Sander

Kerzen verzieren für feierliche Anlässe

AUGUSTUS

Inhalt

Vorwort

Ursprünglich diente die Kerze dazu, einen Raum zu beleuchten. Doch im Lauf der Zeit hat sie sich vom einfachen Gebrauchs- zum attraktiven Ziergegenstand entwickelt.

Kerzen spielen bei vielen Festen und Zusammenkünften eine große Rolle. Der traditionelle Geburtstagskuchen wird mit Kerzen ausgestattet. Ein romantisches Abendessen bei Kerzenschein führt nicht selten vor den Traualtar. Und wenn geheiratet wird, dann überreichen die Gäste dem Brautpaar oft eine festliche Hochzeitskerze.

Auch bei den wichtigen religiösen Zeremonien dürfen Kerzen nicht fehlen. Denken Sie nur an die Taufkerze oder die Kommunionkerze. Oder können Sie sich vielleicht einen Adventskranz ohne Kerzen vorstellen?

Der Handel bietet eine große Palette an unterschiedlichen Kerzen an. Es gibt sie in verschiedenen Formen und Farben sowie mit ausgefallenen Verzierungen und verführerischen Düften. Besonders wertvoll sind jedoch selbst gestaltete Kerzen. Dieses Buch soll Ihnen helfen, Ihre Kerze auf originelle Art und Weise »herauszuputzen«.

Sie werden bestimmt viel Spaß beim Nacharbeiten und Selbst-Ausdenken haben…

Ihre

Material und Werkzeug

Kerzen

Bei allen hier vorgestellten Objekten werden fertige Kerzen aus dem Handel als Grundlage verwendet. Reiben Sie die Kerze vor dem Verzieren kräftig mit einem Lappen ab, so haftet die Dekoration besser.

Wachsfolien

Der Fachhandel bietet sie in großer Auswahl an, von der einfarbigen Wachsfolie bis hin zu wunderschönen Blumenmustern und interessanten Marmorierungen.

Die selbsthaftenden Wachsfolien werden mit leichtem Druck an den Kerzen befestigt. Sollen erhabene Verzierungen aus mehreren Schichten angefertigt werden, empfiehlt es sich, zusätzlich Wachsklebeplättchen zu verwenden.

Modellierwachs

Das Modellierwachs lässt sich gut kneten, wenn Sie es zuvor in der Hand etwas erwärmt haben. Sie bekommen es im Fachhandel in verschiedenen Farben.

Wachsdekor

Wachsborten, Wachsornamente, Wachsverzierstreifen (auch Zierwachsstreifen genannt) sowie Schreibfolien für Buchstaben finden Sie in vielen Ausführungen ebenfalls im Fachhandel und in Bastelgeschäften. Auch diese Teile sind selbsthaftend. (Abb. rechts oben).

Arbeitstisch und Arbeitsutensilien

Eine glatte, mit Pergamentpapier versehene Unterlage ist unverzichtbar. Als Schneidegerät können Schere, Cutter oder Skalpell verwendet werden. Legen Sie sich auch Lineal und Bleistift zurecht.

Für das Arbeiten mit Gold- und Schreibfolie sowie zum Durchdrücken der Motive verwenden Sie am besten einen leeren Kugelschreiber.

Farben

Wenn Sie Kerzen mit Acrylfarben bemalen, muss die Kerze unbedingt vorher mit unverdünntem Spülmittel abgewischt werden, damit der Farbauftrag haften bleibt. Ein Glas mit Wasser und ein weicher Lappen dienen zum Reinigen des Pinsels.

Wollen Sie mit Ölfarbe malen, rühren Sie diese am besten mit einem speziellen Malmittel für Ölfarben auf Wachs an. Sie haftet dann wunderbar. Zum Reinigen des Pinsels verwenden Sie in diesem Fall Terpentinöl.

Vorlage

Die Motivvorlagen pausen Sie mit Bleistift auf Transparentpapier durch und übertragen sie anschließend mit Schneiderkopierpapier oder Kohlepapier auf die Wachsfolie. Ein Verrutschen der Vorlage verhindern Sie, wenn Sie diese mit Klebestreifen fixieren.

Viel Glück!

Ob Hochzeit, Geburtstag oder Jubiläum – Anlässe, um diese festlichen Kerzen zu verschenken, gibt es genügend.

Hochzeitskerze mit Herzen

DAS WIRD GEBRAUCHT

- *Kerze in Champagnerfarbe, 24 cm hoch, 6 cm Durchmesser*
- *je 1 Wachsfolie in mattem und hochglänzendem Gold*
- *2 Wachsverzierstreifen in Gold mit Perlmuster*
- *Wachsverzierteil »Eheringe« in Gold*
- *Lineal*
- *Unterlage*
- *Cutter*

SO WIRD'S GEMACHT

Formen Sie ein Herz aus einem doppelt gelegten Wachsverzierstreifen, und fixieren Sie dieses an der Kerze. Als Nächstes füllen Sie das Herz mit 0,2 cm breiten Streifen aus der hochglänzenden Goldfolie gitterförmig aus. Setzen Sie dann ein Teilherz dicht an das erste Herz, und bringen Sie in dessen Mitte das selbsthaftende Wachsverzierteil »Eheringe« an.

Als Nächstes müssen Sie die 20 cm lange hochglänzende Goldfolienplatte um 10 cm verlängern. Dazu lassen Sie zwei Wachsfolienstreifen um 0,5 cm überlappen und drücken die beiden Stücke vorsichtig an. Nun einen 30 cm langen und 0,2 cm breiten Streifen zurechtschneiden und leicht in sich zu einer Kordel drehen. Die Kordel wird, von der Mitte des linken Herzens ausgehend, bogenartig seitlich am Herzmotiv vorbei oben und unten angedrückt.

Jetzt wird die Kordel mit Blättern und Blüten verziert. Dazu 13 kleine spitz zulaufende Blätter aus der Wachsfolie in mattem Gold heraustrennen und die Blattränder kurz einschneiden. Mit dem Cutter ritzen Sie das Blattgeäst auf die Blätter. Anschließend fixieren Sie das Laub entlang der Wachskordel. Zum Schluss noch neun 8 cm lange und 1 cm breite Streifen aus dem gleichen Material zuschneiden, deren oberen Längsrand 0,2 cm nach hinten biegen, zu kleinen Röschen einrollen und diese zwischen den Blättern ansetzen.

Glückwünsche über Glückwünsche

(Abb. Seite 8/9 Mitte hinten)

DAS WIRD GEBRAUCHT

- *Kerze in Cremefarbe, 30 cm hoch, 8 cm Durchmesser*
- *viele unterschiedliche Glückwünsche in jeweils andersartigen Schriften*
- *Schreibfolie in Gold*
- *Klebestreifen*
- *leerer Kugelschreiber oder stumpfer Bleistift*
- *Transparentpapier*
- *Bleistift*
- *Unterlage*
- *Cutter*

SO WIRD'S GEMACHT

Zunächst die verschiedenen Glückwünsche von der Vorlage auf Seite 61 oder eigene Entwürfe auf Transparentpapier übertragen und jeden Schriftzug einzeln ausschneiden. Dann die goldene Schreibfolie mit Klebestreifen unter dem jeweiligen Schriftzug befestigen. Den Schriftzug mit Hilfe eines leeren Kugelschreibers oder stumpfen Bleistifts auf die Folie übertragen. Die Schriften an der Kerze in unterschiedlichen Richtungen anbringen.

TIPP

Statt in Gold können Sie die Glückwünsche auch in Silber anfertigen oder jeden Schriftzug in einer anderen Farbe herstellen.

Kleine Geburtstagskerze in Gold

(Abb. Seite 8/9 links)

DAS WIRD GEBRAUCHT

- *Kerze in Gold, 9 cm hoch, 5 cm Durchmesser*
- *Wachsborte in Gold*
- *Schriftzug aus Wachs »Zum Geburtstag«*
- *etwas Wachsfolie in Magentarot, 9 x 4 cm groß*
- *Lineal*
- *Unterlage*
- *Cutter*

SO WIRD'S GEMACHT

Wachsfolie mit gleichen Randabständen an der Kerze fixieren, mit Wachsborte einrahmen und den selbsthaftenden Schriftzug auf der Wachsfolie andrücken.

Kerze mit Goldornamenten

DAS WIRD GEBRAUCHT

- *Kerze in Gold, 18 cm hoch, 7 cm Durchmesser*
- *1 Packung Wachsornamente in Gold, in beliebiger Form*
- *Unterlage*
- *Cutter*

SO WIRD'S GEMACHT

Ornamente vorsichtig von der Unterlage lösen und in unregelmäßiger Reihenfolge die Kerze damit bedecken.

Kleine Glückwunschkerze

DAS WIRD GEBRAUCHT

- *Kerze in Weiß, 17 cm hoch, 9 cm Durchmesser*
- *Wachsfolie in Weiß*
- *2 Wachsfolien in hochglänzendem Gold*
- *4 Wachsornamente in Gold*
- *4 halbrunde Wachsverzierstreifen, 0,4 cm breit*
- *Lineal*
- *Unterlage*
- *Cutter*

SO WIRD'S GEMACHT

Die weiße Wachsfolie oval ausschneiden (11 mal 10 cm) und auf

der Kerze fixieren. Auf der Folie oben und unten je zwei Wachsornamente anbringen. Dazwischen Wachsverzierstreifen anlegen. Von der goldenen Wachsfolie zwei Streifen mit 0,2 cm Breite abschneiden und damit den Schriftzug »Viel Glück« formen. Die beiden Wörter auf der weißen Folie anordnen.

Von den Ornamenten oben und unten ausgehend, je einen Wachsverzierstreifen um die ganze Kerze legen. In diese abgegrenzte Fläche ein schräges Gitterwerk aus 30 0,3 cm breiten Goldfolienstreifen einarbeiten.

Scherenschnitt-Kerze

DAS WIRD GEBRAUCHT

- *Stumpenkerze in Weiß, 16 cm hoch, 9 cm Durchmesser*
- *2 Wachsfolien in Schwarz*
- *Lineal*
- *Transparentpapier*
- *Bleistift*
- *Unterlage*
- *Cutter*

SO WIRD'S GEMACHT

Übertragen Sie die Vorlage von Seite 59 auf Transparentpapier. Legen Sie das Papier anschließend auf die schwarze Wachsfolie, und drücken Sie mit dem Bleistift das ganze Motiv auf die Wachsfolie durch.

Nun schneiden Sie das Hochzeitsmotiv sehr sorgfältig aus und übertragen es auf die bereitstehende Kerze.

Für den Schriftzug ziehen Sie auf der Unterlage zwei Linien, damit die Buchstaben gleich groß werden. Schneiden Sie aus der schwarzen Wachsfolie drei 20 cm lange und 0,2 cm breite Längsstreifen ab, und formen Sie diese zu Buchstaben. Als Nächstes legen Sie die Buchstaben zwischen die gezogenen Linien auf die Unterlage und prüfen, ob die Größe stimmt.

Wenn Sie die Buchstaben links vom Motiv senkrecht von oben nach unten an der Kerze angebracht haben, ist sie bereit zum Verschenken.

Biblische Motive

Kerzen spielen eine große Rolle als christliches Symbol und verleihen ihrem Standort immer eine feierliche Atmosphäre.

Kerze mit Wachsikone

DAS WIRD GEBRAUCHT

- *Stumpenkerze in Weiß, 16 cm hoch, 10 cm Durchmesser*
- *Wachsikone, 11 x 9 cm groß*
- *6 Wachsfolien in Weiß*
- *4 Wachsverzierstreifen in Gold mit Perlmuster*
- *leere Flasche*
- *Lineal*
- *Unterlage*
- *Cutter*

SO WIRD'S GEMACHT

58 Streifen (je 16 cm lang und 1 cm breit) aus den weißen Wachsfolien schneiden. Je einen Streifen am oberen Kerzenrand leicht andrücken und senkrecht nach unten ziehen. Den folgenden Streifen an den bereits fixierten anlegen und leicht schräg nach unten ziehen. Auf diese Art die ganze Kerze rundum einfassen.

Damit ein Flechtwerk entsteht, die Schrägstreifen jeweils unter die nächst folgenden geraden schieben. Abstehende Stücke abschneiden.

Als Nächstes den oberen und unteren Kerzenrand mit dem goldenen Wachsverzierstreifen einfassen.

Nun wird die Wachsikone fixiert. Dazu Ikone über einer leicht erwärmten Flasche formen, bis sie die von der Kerze vorgegebene Wölbung annimmt. Dann die Kerze maßgerecht anpassen und fest andrücken.

Um den Ikonenrand ebenfalls einen goldenen Wachsverzierstreifen anbringen

Kerze mit »Vaterunser«

DAS WIRD GEBRAUCHT

- *Bienenwachskerze mit »Vaterunser«*
- *1 kleine Tube Ölfarbe in Schwarz*
- *Goldbronze*
- *runder Pinsel, Nr. 4*
- *Terpentinöl zum Reinigen des Pinsels*
- *Unterlage*
- *Lappen*

SO WIRD'S GEMACHT

Die Kerze auf die Unterlage stellen und die Buchstaben mit der schwarzen Ölfarbe ausmalen. Wenn die Farbe getrocknet ist, alle Großbuchstaben sowie die abstehenden Kanten zusätzlich mit Goldbronze verzieren.

TIPP

Sie können auch die kleinen Buchstaben in Blau oder Dunkelgrün ausmalen und die großen sowie die Kanten mit Silberbronze verzieren.

Bildkerzen

DAS WIRD GEBRAUCHT

- 2 Stumpenkerzen, 16 cm hoch, 9 cm Durchmesser
- für jede Kerze je 2 unterschiedliche Wachsborten (2 Stück von jeder Sorte)
- 2 Bilder nach Wahl
- Wachsklebeplättchen
- Schere
- Unterlage

SO WIRD'S GEMACHT

Für die linke Kerze schneiden Sie das Bild oval aus, verteilen auf dessen Rückseite ein paar zerdrückte Wachsklebeplättchen und drücken das Motiv an der Kerze fest. Um den Bildrand eine schmale Wachsborte anlegen und daran eine breitere ansetzen.

Für die rechte Kerze schneiden Sie das Bild achtkantig aus, verstreichen auf dessen Rückseite einige zerdrückte Wachsklebeplättchen und befestigen das Motiv so auf der Kerze, dass oben und unten ein gleichmäßiger Rand erhalten bleibt. Danach eine Wachsborte mit der Schmuckkante nach innen so um das Bild anordnen, dass die acht Ecken betont werden. Als Abschluss eine breitere Wachsborte mit nach außen zeigender Schmuckkante anlegen.

Eleganz in Blau

Sehr elegant und effektvoll wirken blaue Kerzen mit modellierten Blütenblättern bzw. anderen Formen, die entweder im gleichen Farbton der Kerze oder in glitzerndem Silber gehalten sind.

Ton-in-Ton-Kerze

DAS WIRD GEBRAUCHT

- *Quadratische Kerze in Hellblau, 22 x 7 x 7 cm groß, mit 3 Dochten*
- *Modellierwachs in Hellblau*
- *Goldbronze*
- *flacher Pinsel, Nr. 4*
- *Lappen*
- *leere Flasche*
- *Unterlage*
- *Cutter*

SO WIRD'S GEMACHT

Das hellblaue Modellierwachs etwas in der Hand erwärmen und gut durchkneten. Als Nächstes mit einer leeren Flasche flach walzen. Aus dem Modellierwachs spitz zulaufende Blätterformen mit kurzen Stielansätzen ausschneiden und mit dem Cutter auf jedem Blatt Blattadern anbringen. Außerdem drei unterschiedlich große kreisrunde Flächen ausschneiden, ringsum leicht einwellen und an der unteren Kerzenhälfte befestigen.

Die Blätter am Stiel leicht zusammendrücken, damit die gewünschte Wölbung zustande kommt. Bei den Blüten anordnen. Aus Modellierwachs kleine Kügelchen drehen und diese in die Mitte der Blüten setzen.

Im nächsten Schritt werden die Blätter- und Blütenränder hauchzart mit Gold belegt. Hierzu Pinsel in die Goldbronze eintauchen, Farbe auf dem bereitliegenden Lappen abstreifen und die vorgesehenen Ränder sowie die Blütenmitten damit vergolden.

Kerze mit ungewöhnlichem Herzdekor

DAS WIRD GEBRAUCHT

- *Kerze in Nachtblau, 20 cm hoch, 7 cm Durchmesser*
- *2 Wachsfolien in Silber antik*
- *Wachsfolie in hochglänzendem Silber*
- *Lineal*
- *Unterlage*
- *Cutter*

SO WIRD'S GEMACHT

Die beiden Wachsfolien in Silber antik aufeinanderlegen und eine große Herzform ausschneiden. Das Herz etwas in der Hand erwärmen und viele kleine Falten kneten. Dadurch erhält die Herzform die gewünschte Größe. Das Herz anschließend an der Kerze fixieren.

Als Nächstes müssen Sie die 20 cm lange Folienplatte um 10 cm verlängern. Dazu lassen Sie zwei Wachsfolienstreifen um 0,5 cm überlappen und drücken die beiden Stücke vorsichtig an. Aus der doppellagigen Wachsfolie einen 30 cm langen und 0,4 cm breiten Streifen abschneiden, in sich drehen und um das Herz legen. In der Mitte oben einen abstehenden Stiel für die beiden Blätter formen. Diese aus der hochglänzenden Silberfolie ausschneiden, mit dem Cutter die Blattadern einritzen und links und rechts am Stiel andrücken.

Osterüberraschungen

Wer solche schmucken Eier im Osternest findet, wird sich bestimmt nicht grämen, dass sie ungenießbar sind.

FROHE OSTERN!

(links im Bild)

DAS WIRD GEBRAUCHT

- *Eiförmige Kerze in Rot, 20 cm hoch, 12 cm Durchmesser*
- *je 1 Wachsfolie in hochglänzendem Gold, Weiß*
- *6 Wachsborten in Gold*
- *Wachsornamentstreifen in Gold*
- *1 Beutel Blattgirlanden in Dunkelgrün*
- *Lineal*
- *Unterlage*
- *Cutter*

SO WIRD'S GEMACHT

Aus der hochglänzenden Goldfolie zwei Streifen, angepasst an die Eiform der

Kerze, ausschneiden. Diese so am Ei ausrichten, dass sich die Spitzen oben und unten berühren. Die Ränder mit der goldenen Wachsborte belegen. Genau in der Mitte des Eies ein 10 mal 3 cm großes Wachsfolienstück in Weiß aufsetzen; auch dieses mit der Wachsborte säumen. Zusätzlich, nach innen gerichtet, das Wachsornament aufdrücken.

Nun aus der hochglänzenden Goldfolie einen 0,3 cm breiten Streifen abschneiden und zu den Großbuchstaben FROHE OSTERN formen. Die Buchstaben auf der weißen Wachsfolie befestigen. Links und rechts der Goldfolie die dunkelgrünen Blattgirlanden fixieren.

Gelbes Osterei mit Schleife

(Bildmitte)

DAS WIRD GEBRAUCHT

- *Eiförmige Kerze in Gelb, 15 cm hoch, 10 cm Durchmesser*
- *je 1 Wachsfolie in gleichem Gelb wie die Kerze, hochglänzendem Gold*
- *Lineal*
- *Unterlage*
- *Cutter*

SO WIRD'S GEMACHT

Von der gelben Wachsfolie drei 2,5 cm breite Streifen abschneiden. Beide Ränder dieser gelben Streifen zusätzlich mit 0,3 cm breiten Streifen aus der Goldfolie einfassen. Eines dieser so verzierten Bänder um die Mitte des Eis legen, wobei die Enden vorne leicht nach unten zeigen. Am Stoß die spitz eingeschnittenen Bandenden festdrücken. Nun eine Schleife legen und diese abschließend über den Bändern, die leicht gewellt nach außen zeigen, anbringen.

Gestreiftes Osterei

(rechts im Bild)

DAS WIRD GEBRAUCHT

- *Eiförmige Kerze in Blau, 12 cm hoch, 8 cm Durchmesser*
- *Wachsfolie in hochglänzendem Gold*
- *Lineal*
- *Unterlage*
- *Cutter*

SO WIRD'S GEMACHT

Aus der Goldfolie 14 Streifen ausschneiden. Diese Streifen haben eine Grundbreite von 1,5 cm, laufen nach oben hin immer schmäler zu und enden schließlich in einer Spitze.

Die Streifen rund um das Ei anordnen.

Kinderfest

Können Kerzen lachen, weinen oder schmollen? Sieht man sich die ausdrucksstarken Gesichter der hier vorgestellten Kerzen an, so glaubt man beinahe, mit diesen Wachsgebilden reden zu können. Sie werden Geburtstagskind und Gäste sicher zum Schmunzeln bringen.

Trauriges Clowngesicht

DAS WIRD GEBRAUCHT

- *Stumpenkerze in Weiß, 12 cm hoch, 9 cm Durchmesser*
- *je 1 Wachsfolie in Weiß, Creme, Mittelblau, Dunkelblau, Lachsrot, Hellrot, Weinrot, Gelb, Schwarz, Gold*
- *Transparentpapier*
- *Bleistift*
- *Unterlage*
- *Cutter*

SO WIRD'S GEMACHT

Die Vorlage für das Clowngesicht finden Sie auf Seite 58. Nehmen Sie das Motiv mit Hilfe des Transparentpapiers ab, und schneiden Sie die einzelnen Teile aus. Legen Sie diese auf die entsprechenden Wachsfolien, und trennen Sie die Stücke mit dem Cutter sehr exakt heraus.

Bringen sie erst das Gesicht an der Kerze an, dann die Haare, die Schleife, die Hutkrempe mit dem Hut. Setzen Sie Punkte auf den Hut. Zuletzt gestalten Sie das traurige Gesicht. Links und rechts vom Gesicht noch Herzen in unterschiedlichen Farben anbringen.

Clown mit Luftballon

DAS WIRD GEBRAUCHT

- *Kerze in Cremefarbe, 23 cm hoch, 9 cm Durchmesser*
- *je 1 Wachsfolie in Weiß, Gelb, Rot, Pink, Orange, Ocker, Lachsrot, Dunkelblau, Schwarz, Olivgrün*
- *Transparentpapier*
- *Bleistift*
- *Unterlage*
- *Cutter*

SO WIRD'S GEMACHT

Auch zu dieser Kerzenverzierung gibt es eine Vorlage auf Seite 58.

Nach Übertragung des Motivs auf das Transparentpapier Teile aus den entsprechenden Wachsfolien ausschneiden. Hut und Gesicht an der Kerze andrücken und weiße Halskrause ansetzen. Nun die gestreifte Kleidung mit den blauen Knöpfen sowie die großen schwarzen Schuhe und den olivgrünen Boden fixieren. Auf dem Luftballonteil ein kleines Stück von der weißen Folie verreiben. Zuletzt die bunte Fahnenreihe von links unten nach rechts oben anbringen.

Lachender Clown

DAS WIRD GEBRAUCHT

- *Stumpenkerze in Weiß, 12 cm hoch, 9 cm Durchmesser*
- *je 1 Wachsfolie in Creme, Weiß, Hochrot, Weinrot, Ocker, Schwarz, Mittelblau, Dunkelblau, Pink*
- *Transparentpapier*
- *Bleistift*
- *Unterlage*
- *Cutter*

SO WIRD'S GEMACHT

Mit Hilfe des Transparentpapiers das Motiv abnehmen (die Vorlage dazu finden Sie auf Seite 58) und die Einzelteile aus dem Papier trennen. Die Teile auf die entsprechenden Wachsfolien legen und mit dem Cutter ausschneiden.

Zunächst das Gesicht auf der Kerze anbringen, dann die Haare ansetzen und die Hutkrempe samt Hut sowie die weißen Punkte aufdrücken. Jetzt die Schleifenteile fixieren. Augen, Augenbrauen, Nase, Wangen und Mund auf das Gesicht drücken. Links und rechts des Motivs verschiedenfarbige Herzen befestigen.

Blumen-gesichter

DAS WIRD GEBRAUCHT

- *2 Stumpenkerzen in Weiß, 12 cm hoch, 9 cm Durchmesser*
- *je 1 Wachsfolie in Weiß, Creme, Orange, Hellrot, Gelbgrün, Olivgrün, Hellblau, Mittelblau, Dunkelblau, Schwarz*
- *Lineal*
- *Transparentpapier*
- *Bleistift*
- *Unterlage*
- *Cutter*

SO WIRD'S GEMACHT

Auch für diese Kerze gibt es eine Vorlage. Sie finden diese auf Seite 62. Übertragen Sie die Motive auf das Transparentpapier und anschließend auf die entsprechenden Wachsfolien.

Für das blaue Blumengesicht schneiden Sie zuerst das runde Gesicht in Cremefarbe aus, und legen dieses an der Kerze mit leichtem Druck an. Auf die beiden ovalen Stücke aus der weißen Wachsfolie kommen die schwarzen Pupillen. Augenbrauen und Mund ebenfalls aus der schwarzen Folie schneiden und an der Kerze anbringen.

Stiel und linkes Blatt aus der olivgrünen Wachsfolie zuschneiden und an der Kerze befestigen. Rechts vom Stiel fixieren Sie das gelbgrüne Blatt.

Die beiden hellblauen Blütenblätter oben, je ein mittelblaues Blütenblatt links und rechts davon und zwei dunkelblaue Blütenblätter unterhalb des Gesichts anbringen. Jedes Blütenblatt erhält einen 1 mal 0,2 cm großen Streifen und einen Punkt mit 0,4 cm Durchmesser aus der hellblauen und mittelblauen Wachsfolie aufgedrückt.

Für das rote Blumengesicht ordnen Sie drei orangefarbene und

drei hochrote Blütenblätter rund um das bereits angelegte Gesicht an und drücken diese fest. Auf den orangefarbenen Blütenblättern je einen 1 mal 0,2 cm großen Streifen und einen Punkt mit 0,4 cm Durchmesser aus der orangefarbenen und der hochroten Wachsfolie anbringen.

TIPP

Der Gesichtsausdruck lässt sich leicht verändern. Sie brauchen nur die Augenbrauen und Lippen umformen. Wenn Sie die schwarzen Pupillen nach links oben, nach unten oder schielend zueinander ausrichten, entsteht immer ein anderes Gesicht. Statt der Augenbrauen können Sie auch lange, leicht gebogene Wimpern anbringen.

Teddybär-Kerze

DAS WIRD GEBRAUCHT

- *Kerze in Cremefarbe, 20 cm hoch, 7 cm Durchmesser*
- *je 1 Wachsfolie in Ocker, Hochrot, Mittelblau, Dunkelblau, Schwarz*
- *Transparentpapier*
- *Bleistift*
- *Unterlage*
- *Cutter*

SO WIRD'S GEMACHT

Die Vorlage für den Teddybären finden Sie auf Seite 59. Nachdem Sie das Motiv auf das Transparentpapier und die entsprechenden Wachsfolien übertragen haben, schneiden Sie die einzelnen Teile exakt aus. Achten Sie dabei auf ganz glatte Schnittkanten. Dies ist für das saubere Zusammensetzen des Motivs unerlässlich.

Legen Sie erst das Kopfteil an der Kerze an, dann die Halsschleife in verschiedenen Blautönen sowie das rote Herz und die anderen Körperteile. Schließlich bringen Sie Auge und Nase an.

Zum Schluss wird das zurückliegende Ohr mit der Bleistiftspitze leicht angemalt.

Sag's mit Blumen…

Kerzen müssen nicht nur eine ernste und feierliche Ausstrahlung haben – mit fröhlichen Blumenmotiven verziert, vermitteln sie einem den Eindruck, die Frische des Frühlings förmlich riechen zu können.

Kerzen mit Blumenornamenten

DAS WIRD GEBRAUCHT

- 2 Kerzen in Weiß, 50 cm hoch, 8 cm Durchmesser (Altarkerzen)
- Kerze in Weiß, 40 cm hoch, 8 cm Durchmesser
- Ölfarben in Weiß, Gelb, Hellblau, Karminrot, Saftgrün, Kobaltblau, Schwarz
- Malmittel für Ölfarben auf Wachs
- runder Pinsel, Nr. 4
- flacher Pinsel, Nr. 6
- Terpentinöl zum Reinigen der Pinsel
- Lappen
- Transparentpapier
- Bleistift
- 1 Bogen Schneiderkopierpapier
- Klebeband
- Unterlage

SO WIRD'S GEMACHT

Alle benötigten Ölfarben werden vor dem Auftragen mit dem Malmittel für Ölfarben auf Wachs vermischt.

Die kleinere Kerze wird folgendermaßen mit dem flachen Pinsel bemalt: Für den blau verlaufenden Rand oben Kobaltblau mit Weiß mischen. Nach unten hin nochmals Weiß hinzufügen, bis ein blassblauer Farbton entsteht.

Der untere Farbrand wird in Karminrot und Weiß angelegt, dem nach oben hin mehr Weiß beigemischt wird.

Die Farbränder müssen nun ca. zwei Tage trocknen. Danach die Vorlage für das Blumenmuster (Seite 60) auf das Transparentpapier übertragen und am Farbrand der Kerze anpassen. Die Zeichnung mit Klebeband links und rechts befestigen, das Schneiderkopierpapier unter das Transparentpapier schieben und das Motiv mit Bleistift an der Kerze nachziehen. Transparent- und Kopierpapier entfernen.

Das Rosenmotiv stammt aus der Bauernmalerei. Dafür mit dem runden Pinsel erst die drei Rosen in der Mitte karminrot ausmalen, dann Karminrot und Weiß zugleich aufnehmen, Pinsel rechts oben in der Rosenblüte aufsetzen und nach unten hin wegziehen. Das Ganze bei den anderen Blüten wiederholen.

Den Blütenkelch malen Sie schwarz an. Für das Blattgrün mischen Sie zwei Grüntöne, einmal aus Saftgrün und Weiß sowie aus Saftgrün und Gelb. Die untere Hälfte der Blätter im dunkleren Grün, die obere dagegen heller malen.

Für die kleinen Blümchen die Farben Gelb und Weiß verwenden. Im Blüteninneren einen halbrunden Punkt aus Schwarz, mit Gelb vermischt, anbringen.

Zum Abschluss den blauen und roten Farbrand mit einer grünen Blätterranke einfassen. Mit dem blauen Rand beginnen. Hierzu mit dem runden Pinsel saftgrüne Farbe aufnehmen, am Farbrand aufsetzen und nach links wegziehen; dann die Blätter links und rechts genauso aufmalen.

Für die Kerze mit Nelkenmotiv benötigen Sie eine 50 cm hohe Altarkerze.

Das Nelkenmotiv ist in Längsstreifen angelegt, jeder Motivstreifen etwas versetzt vom anderen. Die Vorlage dazu finden Sie auf Seite 60. Sie wird, wie bei der kleineren Kerze beschrieben, übertragen. Bevor Sie mit dem Malen beginnen, legen Sie unter die Kerze eine Unterlage.

Für die Blüten Karminrot mit etwas Gelb vermischen, den runden Pinsel in das Farbgemisch eintauchen, am Nelkenmotiv ansetzen und nach unten wegziehen. So werden alle Blüten gleich ausgemalt; nur die Farbe ändert sich ein wenig – wechselweise Karminrot mit Gelb oder Karminrot mit Weiß vermischt.

Die unterschiedlichen Farbtöne für das Blattgrün bestehen aus Saftgrün mit Gelb bzw. Saftgrün mit Weiß.

Wie eine Girlande umfasst das Blumenmotiv die Kerze auf dem Bild rechts.

Die Vorlage für einen Abschnitt des sich wiederholenden Musters finden Sie auf Seite 60. Nehmen Sie es mit dem Transparentpapier ab. Dann schneiden Sie sich ein Schneiderkopierpapier auf die Größe der Vorlage zu, befestigen das Transparentpapier mit Klebestreifen an der Kerze, schieben das Kopierpapier dazwischen und zeichnen alles genau mit einem Bleistift oder Kugelschreiber nach.

Nachdem Sie die Zeichnung auf die Kerze übertragen haben, entfernen Sie die beiden Blätter, setzen sie schräg auslaufend erneut an und pausen das Motiv wieder durch. Wiederholen Sie diesen Vorgang, bis Sie am oberen Kerzenrand angekommen sind.

Bemalt wird die Kerze vom oberen Kerzenrand aus. So verhindern Sie das Verwischen der aufgetragenen Farben. Gelbe Blüten wechseln sich ab mit rot-weißen Blüten, gefolgt von roten Tulpen. Dazwischen malen Sie viele kleine Blätter in verschiedenen Grüntönen auf.

TIPP

Sie können die drei Blütenranken auch senkrecht auf die Kerze malen.

Rosenkerze und Kerze mit Tulpenstrauß

DAS WIRD GEBRAUCHT

Für Rosenkerze

- *Stumpenkerze in Weiß, 15 cm hoch, 10 cm Durchmesser*
- *je 1 Wachsfolie in Dunkelbraun, Weinrot, Karminrot, Hellrot, Pink, Dunkelgrün, Olivgrün, hochglänzendem Gold*
- *Lineal*
- *Transparentpapier*
- *Bleistift*
- *Unterlage*
- *Cutter*

Für Kerze mit Tulpenstrauß

- *Kerze in Weiß, 30 cm hoch, 7 cm Durchmesser*
- *je 1 Wachsfolie in Weinrot, Pink, Goldgelb, Hellgelb, Creme, Hochrot, Lachsrot, Rosa, Olivgrün, Mittelgrün, Dunkelgrün*
- *Lineal*
- *Transparentpapier*
- *Bleistift*
- *Unterlage*
- *Cutter*

SO WIRD'S GEMACHT

Die Vorlage für das Rosenmotiv finden Sie auf Seite 63. Um dieses hübsche Motiv auf die Kerze zu bekommen, ist es wichtig, dass Sie die Vorlage genau abzeichnen und die Folienstücke akkurat ausschneiden. Setzen Sie als Erstes das dunkelbraune Blütenteil an der Kerze an, dann die roten Teile und zuletzt das pinkfarbene Stück. Nun Stiel und Blattgrün anbringen. Aus der hochglänzenden Goldfolie 0,1 cm breite Streifen abschneiden und, wie aufgezeigt, vom Stiel aus andrücken.

Die Vorlage für die Kerze mit Tulpenstrauß finden Sie auf Seite 63. Nehmen Sie das Motiv mit dem Transparentpapier ab. Dann Einzelteile aus dem Papier trennen, auf die Folien legen und mit dem Cutter exakt ausschneiden.

Nun geht es ans Verzieren der Kerze. Dafür beginnen Sie mit dem hochroten und dem lachsroten Tulpenteil. Setzen Sie den olivgrünen Stiel und zwei mittelgrüne Blätter an. Fahren Sie mit der Tulpe aus hellgelben, goldgelben und cremefarbenen Elementen fort. Versehen Sie auch diese Blüte mit Stiel und Blättern. Fertigen Sie in dieser Weise auch die anderen Blüten in verschiedenen Rottönen an.

Das Blattgrün am Strauß unten besteht aus zwei Grüntönen.

Christrosen und Margeriten

DAS WIRD GEBRAUCHT

Für Christrosen

- *Kerze in Cremefarbe, 20 cm hoch, 7 cm Durchmesser*
- *je 1 Wachsfolie in Dunkelbraun, Laubgrün, Gelb, Weiß, Rot*
- *4 Wachsverzierstreifen in Gold, 0,2 cm breit*
- *Lineal*
- *Unterlage*
- *Cutter*

Für Margeriten

- *Kerze in Weiß, 30 cm hoch, 7 cm Durchmesser*
- *je 1 Wachsfolie in Rot, Gelb, Blaugrün, Weiß*
- *3 Wachsverzierstreifen in Gold, 0,15 cm breit*
- *Lineal*
- *Unterlage*
- *Cutter*

SO WIRD'S GEMACHT

Für die Christrosen verlängern Sie zunächst die 20 cm lange dunkelbraune Wachsfolie um 2,5 cm. Dazu lassen Sie zwei Wachsfolienstreifen um 0,5 cm überlappen und drücken die beiden Stücke vorsichtig an. Schneiden Sie nun die gewünschte Länge von 22,5 cm ab. Schneiden Sie aus diesem Stück einen 5 cm breiten Streifen ab, und legen Sie diesen um die Mitte der Kerze. Beide Ränder werden mit dem Wachsverzierstreifen dekoriert.

Aus der laubgrünen Folie sieben stechpalmenartige Blätter ausschneiden und wie auf der Abbildung anbringen. Zweimal 14 Blütenblätter aus der weißen Wachsfolie ausschneiden (2,5 cm lang, 1 cm breit). Sie müssen an beiden Enden spitz zulaufen. Immer zwei Blätter leicht versetzt zusammen rund um den Blütenmittelpunkt anordnen. In die Mitte jeder Blüte ein rundes gelbes Wachsfolienstück anbringen. Aus der laubgrünen und dunkelbraunen Folie kleine Kügelchen drehen und als Staubgefäße auf der gelben Scheibe anordnen. Die roten Beeren aus der roten Wachsfolie drehen und auf das Blattgrün setzen. Zwei goldene Wachsverzierstreifen zur Schleife legen und auf dem kerzenumfassenden braunen Band befestigen.

Das rote Band bei den Margeriten besteht aus einem 30 cm langen und 2 cm breiten Wachsfolienstreifen. Verlängern Sie zunächst die rote Wachsfolie um 10 cm. Dazu lassen Sie zwei Wachsfolienstreifen um 0,5 cm überlappen und drücken die beiden Stücke vorsichtig an. Schneiden Sie nun das gewünschte Stück aus.

An beiden Seiten des Bandes sowie an den Enden den goldenen Wachsverzierstreifen anbringen. Dieses Schmuckteil wird nun von links oben nach rechts unten in lockeren Falten an der Kerze angedrückt.

Für jede Margerite 13 Blütenblätter aus der weißen Wachsfolie zuschneiden (2 cm lang, 1 cm breit). Achten Sie darauf, dass diese unten schmäler zulaufen. Die Blütenblätter kreisrund anordnen. Für die Blütenmitte die gelbe Folie doppelt nehmen und rund ausschneiden.

Für den dunklen Rand je ein kleines Stück grüne und rote Wachsfolie zusammenkneten, davon für jedes Blüteninnere ein schmales Stück abdrehen und am gelben Teil anlegen.

Die Knospen aus drei Blütenblättern, einem blaugrünen Blütenkelch und einem Stiel fertigen. Für die Laubblätter die blaugrüne Wachsfolie doppelt aufeinanderlegen, daraus sechs unterschiedlich große Blätter schneiden und diese an die Kerze andrücken.

Enzian, Mohn und Stiefmütterchen

DAS WIRD GEBRAUCHT

Für Stiefmütterchen

- *Kerze in Weiß, 12 cm hoch, 9 cm Durchmesser*
- *Modellierwachs in Weiß, Grün, Gelb*
- *je 1 Wachsfolie in Gelb, Lila, Schwarz*
- *leere Flasche*
- *Lineal*
- *Transparentpapier*
- *Bleistift*
- *Unterlage*
- *Cutter*

Für Mohnblume

- *Stumpenkerze in Weiß, 9 cm hoch, 9 cm Durchmesser*
- *Modellierwachs in Hochrot, Lachsrot, Dunkelgrün*
- *Wachsfolie in Schwarz*
- *leere Flasche*
- *Lineal*
- *Transparentpapier*
- *Bleistift*
- *Unterlage*
- *Cutter*

Für Enzian

- *Stumpenkerze in Weiß, 10 cm hoch, 10 cm Durchmesser*
- *je 1 Wachsfolie in Dunkelblau, Mittelblau, Gelb, Hellgrün, Mittelgrün, Dunkelgrün*
- *Transparentpapier*
- *Bleistift*
- *Unterlage*
- *Cutter*

SO WIRD'S GEMACHT

Das Stiefmütterchen wird folgendermaßen hergestellt: Das grüne Modellierwachs in der Hand so lange erwärmen, bis es sich leicht kneten lässt. Einen Teil davon mit einer leeren Flasche flach walzen und je eine Hälfte eines Blattes ausschneiden. In den verbleibenden Rest etwas Gelb einkneten und wiederum flach walzen. Die andere Hälfte des Blattes markieren und heraustrennen. Die übrig gebliebene grüngelbe Masse mit ein wenig weißem Modellierwachs versehen und gut damit vermengen. Daraus eine weitere Blatthälfte ausschneiden. Diese farbveränderten Blatthälften an die schon erstellten ansetzen und an der Kerze mit leichtem Druck befestigen.

Nach dem Übertragen der Vorlage (Seite 63) auf das Transparentpapier und die gelbe und lilafarbene Wachsfolie die Teile für die Blüte ausschneiden und dicht an das Blattgrün anfügen. Danach unterschiedlich kurze, 0,1 cm breite Stücke aus der schwarzen Wachsfolie heraustrennen und in die Mitte der Blüte drücken. Aus dem weißen Modellierwachs zwei kleine halbrunde Stücke gemäß Bild ausschneiden und auf der schwarzen Blütenmitte anbringen.

Für den oberen Teil der Mohnblüte ein Stück Modellierwachs in Hochrot und Lachsrot mit einer leeren Flasche flach walzen, aneinander setzen und ohne sichtbaren Übergang ineinander verarbeiten. Reiben Sie dazu mit dem Finger leicht so lange über die Folien,

bis ein unregelmäßiger Farbübergang entsteht. Aus dem Wachsteil das Blütenblatt von der Vorlage (Seite 63) übertragen und ausschneiden.

Für den unteren Blütenteil nur hochrotes Modellierwachs verwenden. Das Blüteninnere aus der schwarzen Wachsfolie halbrund ausschneiden und 0,1 cm breite, unterschiedlich lange Streifen ganz dicht daran ansetzen. Aus dem dunkelgrünen Modellierwachs den halbrunden Stiel fertigen.

Das Laubblatt aus dem flach gewalzten Modellierwachs schneiden und dicht an die Mohnblume ansetzen.

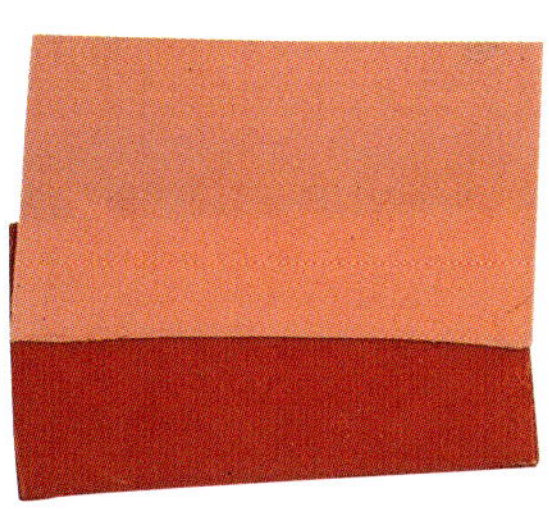

Für den Enzian übertragen Sie die Vorlage von Seite 63 auf Transparentpapier. Schneiden Sie die Blütenkelche aus der mittelblauen und die Blütenblätter aus der dunkelblauen Wachsfolie aus. Für die Knospe das mittlere Teil in Hellblau und die beiden Seitenteile in Dunkelblau ausschneiden. Aus der gelben Wachsfolie je drei kleine Staubgefäße drehen.

Die Laubblätter stellen Sie aus hellgrüner und mittelgrüner Wachsfolie her; für die beiden unteren Blätter verwenden Sie die dunkelgrüne Folie doppelt.

Sonnenblume

DAS WIRD GEBRAUCHT

- *Bogenkerze in Weiß, 15 cm lang, 7,5 cm hoch, 3,5 cm breit*
- *je 1 Wachsfolie in Gelb, mattem Gold*
- *Modellierwachs in Grün*
- *Lineal*
- *Unterlage*
- *Cutter*

SO WIRD'S GEMACHT

Aus der gelben Wachsfolie zwölf Blütenblätter (2,5 cm lang, 1 cm breit) schneiden. Sie müssen an beiden Enden spitz zulaufen. Ordnen Sie die Blütenblätter auf der Kerze in einem Kreis an – dabei immer ein Blatt leicht auf das andere auflegen.

Für die Knospe schneiden Sie sechs etwas kleinere Blätter aus der gelben Folie. Ordnen Sie diese halbmondförmig an.

Nun arbeiten Sie in das grüne Modellierwachs ein wenig von der gelben Wachsfolie ein, bis ein schöner gelbgrüner Farbton entsteht. Daraus drehen Sie den Blumenstiel für Blüte und Knospe. Stecken Sie die Stiele unter die Blütenblätter. Formen Sie drei Laubblätter, und drücken Sie diese auf den Stielen fest.

Für das Blüteninnere aus dem grüngelben Modellierwachs ein pfenniggroßes Stück formen und aufsetzen.

Zum Schluss die Schleife aus der goldenen Wachsfolie formen und an den unteren Kerzenrand anlegen.

Blumige Haushalts-kerzen

DAS WIRD GEBRAUCHT

- *Haushaltskerzen in Lila, Gelb, Beige*
- *Reste von Wachsfolien*
- *Unterlage*
- *Cutter*

SO WIRD'S GEMACHT

Selbst aus den kleinsten Wachsfolieabschnitten lassen sich noch prächtige Dekorationen für Haushaltskerzen herstellen.

Blütenblätter zusammenfassen und mit einer Blütenmitte versehen oder einzelne Blätter mit goldenen Strahlen umrahmen.

Lassen Sie Kinder mitarbeiten; Sie werden erstaunt sein, was Kinderhände aus Resten alles fabrizieren können.

Folkloristische Kerze

DAS WIRD GEBRAUCHT

- *Kerze in Weiß, 24 cm hoch, 8 cm Durchmesser*
- *Wachsfolie in Hochrot*
- *2 schmale Wachsverzierstreifen in Gold*
- *Acryl-Mattfarben in Hochrot, Gelb, Mittelblau, Lila, Grün*
- *runder Pinsel, Nr. 4*
- *Glas mit Wasser zum Säubern des Pinsels*
- *Spülmittel*
- *Lappen*
- *Klebeband*
- *Lineal*
- *Transparentpapier*
- *Bleistift*
- *Schneiderkopierpapier*
- *Unterlage*
- *Cutter*

SO WIRD'S GEMACHT

Die Kerze muss vor der Bemalung mit einem unverdünnten Spülmittel abgerieben werden. Nur so bleibt der Farbauftrag haften.

Das von der Vorlage auf Seite 61 übernommene Muster auf der Kerze anlegen, das Transparentpapier an zwei Stellen mit Klebeband befestigen, Schneiderkopierpapier darunter schieben und die Zeichnung übertragen.

Die nun sichtbaren Umrisse mit Acryl-Mattfarben ausmalen.

Abschließend den oberen und unteren Kerzenrand mit einem 26 cm langen und 1 cm breiten Streifen aus der roten Wachsfolie verzieren. Jeder dieser Streifen schließt mit einer Auflage aus einem schmalen goldenen Wachsverzierstreifen ab.

TIPP

Sie können derartige Blumenmuster auch auf Folklorekleidungsstücken finden und sie von dort mühelos mit Transparentpapier abnehmen.

Edle Geschenke

Wenn Sie noch ein außergewöhnliches Geschenk für eine außergewöhnliche Person benötigen – hier werden Sie bestimmt das Passende finden. Sie können bei den hier vorgestellten Kerzen nach Lust und Laune kneten, gestalten und pinseln...

Harlekinkerze

DAS WIRD GEBRAUCHT

- *Kerze in Weiß, 17 cm hoch, 9 cm Durchmesser*
- *je 1 Wachsfolie in hochglänzendem Silber, marmoriertem Weiß, Mittelblau, Altrosa, Weiß*
- *Wachsverzierstreifen in Gold mit Perlmuster*
- *kleine Maske aus Kunststoff, 5 cm hoch*
- *4 Similisteine mit 0,4 cm Durchmesser*
- *2 Similisteine mit 0,2 cm Durchmesser*
- *Lineal*
- *Unterlage*
- *Cutter*

SO WIRD'S GEMACHT

Die hochglänzende Silberfolie auf 13 mal 6 cm zuschneiden und schräg von links nach rechts an der Kerze befestigen. Aus der marmorierten Folie eine Ecke halbrund zuschneiden, mit der Breitseite auf die Silberfolie auflegen und den Rand mit dem goldenen Wachsverzierstreifen einfassen.

Für den Fächer ein Stück (20 mal 5 cm) der mittelblauen Wachsfolie zuschneiden und oben sowie seitlich einen 0,2 cm breiten Streifen aus der Silberfolie ansetzen. Dann zu einem Fächer falten.

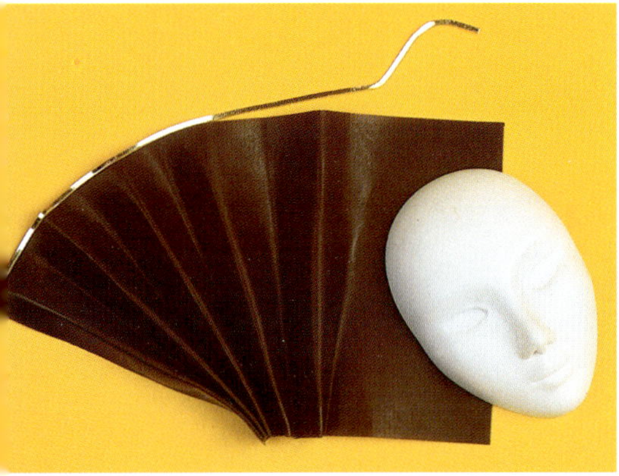

Der Fächer wird an der Kerze so angebracht, dass seine linke Ecke auf der Silberfolie aufliegt. Mit der altrosafarbenen Wachsfolie die Kunststoffmaske überziehen. Sie wird links unten am Fächer fixiert. Links an der Maske werden die Similisteine angebracht.

Zum Schluss einen 15 cm langen und 2 cm breiten weißen Wachsfolienstreifen in lose Falten legen und unter der Maske als Halskrause anbringen.

Kerzen mit edlen Blüten- und Laubverzierungen

DAS WIRD GEBRAUCHT

Für Kerze mit Efeuranke

- *Kerze in Cremefarbe, 30 cm hoch, 5 cm Durchmesser*
- *Metallfolie in Kupfer*
- *Wachsklebeplättchen*
- *Schere*
- *Transparentpapier*
- *Bleistift*
- *leerer Kugelschreiber*
- *Unterlage*

Für mit Draht umschlungene Kerze

- *Kerze in Weiß, 30 cm hoch, 7 cm Durchmesser*
- *1 Päckchen Bouillondraht in Gold*
- *4 zarte, fast durchsichtige Trockenblätter*

Für Kerze mit rosa Wachsblumen

- *Kerze in Cremefarbe, 20 cm hoch, 7 cm Durchmesser*
- *Wachsfolie in Altrosa*
- *1 Beutel Blattornamente*
- *3 Wachsverzierstreifen in Gold mit Perlmuster*
- *Goldbronze*
- *runder Pinsel, Nr. 4*
- *Lineal*
- *Unterlage*
- *Cutter*

SO WIRD'S GEMACHT

Für die Kerze mit Efeuranke gibt es auf Seite 60 eine Vorlage. Diese mit Hilfe des Transparentpapiers übertragen und mit dem Kugelschreiber auf die Metallfolie durchdrücken. Das Motiv mit der Schere ausschneiden. Die Blattadern mit dem Kugelschreiber auf der Rückseite der Metallfolie eindrücken.

Wachsklebeplättchen zerdrücken und auf der Rückseite der ausgeschnittenen Efeuteile verreiben. Die Teile in Form einer Ranke an der Kerze festdrücken.

Für die Drahtkerze den goldenen Bouillondraht etwas ausziehen, Blätter an der Kerze anlegen und

mit dem Draht mehrfach umwickeln.

Für die rosafarbenen Wachsblumen zunächst für zwei große Blüten je fünf Blätter aus der Wachsfolie schneiden. Ränder vergolden und so, wie auf dem Bild vorgegeben, an der Kerze anbringen.

Für die kleine Blüte Blätter in gleicher Form, aber etwas kleiner ausschneiden. Diese Blüte zwischen den beiden großen Blüten befestigen.

Für die Blütenmitte je einen 5 cm langen und 0,4 cm breiten Streifen aus der altrosafarbenen Wachsfolie ausschneiden, zusammenrollen, mit Goldbronze zart vergolden und in jede Blüte setzen.

Drei Wachsverzierstreifen mit Perlmuster so auf die Kerze aufbringen, dass der mittlere davon länger als die beiden anderen ist. Je zwei Blattornamente oben und unten anlegen.

Goldenes Kreuz

(links im Bild)

DAS WIRD GEBRAUCHT

- *Halbovale Kerze in Weiß, 12,5 cm lang, 23 cm hoch, 3,5 cm breit*
- *Goldnebel-Wachsfolie*
- *3 Wachsverzierstreifen in Gold, 0,2 cm breit*
- *4 Wachsverzierstreifen in Gold, 0,1 cm breit*
- *Lineal*
- *Unterlage*
- *Cutter*

SO WIRD'S GEMACHT

Aus der Goldnebel-Wachsfolie eine der Kerze angepasste Form ausschneiden und mit 0,2 breiten Wachsverzierstreifen einfassen. An der Einbuchtung der Folie im Abstand von etwa 1 cm nochmals einen Wachsverzierstreifen anlegen. Rechts davon wird ein 7 cm langes Kreuz mit einem 3 cm langen Querbalken angebracht, das zuvor doppelt aus zwei unterschiedlich breiten Wachsverzierstreifen ausgeschnitten wurde. Der rückwärtige Rand der Kerze wird mit 0,1 cm breiten Wachsverzierstreifen doppelt belegt.

Kerze in Petrol

(Bildmitte)

DAS WIRD GEBRAUCHT

- *Kerze in Petrol, 18 cm hoch, 6 cm Durchmesser*
- *je 1 Wachsfolie in marmoriertem Schwarz, Türkis, Gold*
- *8 halbrunde Wachsverzierstreifen in Gold, 0,4 cm breit*
- *Transparentpapier*
- *Bleistift*
- *Unterlage*
- *Cutter*

SO WIRD'S GEMACHT

Das Kreuzmotiv ist als Vorlage auf Seite 59 abgebildet. Übertragen Sie es zunächst auf Transparentpapier, dann auf die schwarz marmorierte Wachsfolie, und schneiden Sie dieses Stück aus. Fassen Sie es anschließend mit Wachsverzierstreifen ein. Unter dem linken Querbalken bringen Sie zwei oben abgeschrägte Wachsverzierstreifen an und setzen darüber drei unterschiedlich lange und an beiden Enden abgeschrägte Querteile. Daneben kommt noch ein längliches, unten abgeschrägtes Teil, das Sie zuvor aus der schwarz marmorierten Wachsfolie ausgeschnitten haben.

Fassen Sie zum Schluss auch dieses Teil mit goldenen Wachsverzierstreifen ein.

TIPP

Sie können aus den gleichen »Zutaten« auch eine Kerze mit Tropfenform herstellen. Die Vorlage dazu finden Sie auf Seite 61.

Kerze in Magenta und Pink

(rechts im Bild)

DAS WIRD GEBRAUCHT

- *Stumpenkerze in Weiß, 15 cm hoch, 8 cm Durchmesser*
- *je 1 Wachsfolie in marmoriertem Magenta, Pink*
- *Wachsfolie mit Blumenmuster*
- *10 Wachsverzierstreifen in Silber, 0,1 cm breit*
- *Wachsbuchstaben in Silber*
- *Lineal*
- *Unterlage*
- *Cutter*

SO WIRD'S GEMACHT

Aus den bezeichneten Wachsfolien je ein Teil mit den Maßen 11,5 mal 4,5 cm und abstehenden, 6,5 cm langen Spitze ausschneiden.

Bringen Sie nun an der Kerze zunächst die pinkfarbene Wachsfolie an; darüber kommt die Wachsfolie mit Blumenmuster und in etwas größerem Abstand dann die in Magentarot marmorierte Wachsfolie. Die Wachsfolien fassen Sie folgendermaßen ein: Die marmorierte erhält drei, die geblümte zwei und die pinkfarbene einen Streifen. Rechts vom pinkfarbenen Teil bringen Sie die Buchstaben, z. B. Johannes, senkrecht an.

Kerze mit drei Dochten

(links im Bild)

DAS WIRD GEBRAUCHT

- *Quadratische Kerze in Weiß, 23 x 7 x 7 cm, mit 3 Dochten*
- *3 Wachsfolien mit Goldblüte-Muster*
- *10 halbrunde Wachsverzierstreifen in Gold, 0,2 cm breit*
- *Lineal*
- *Unterlage*
- *Cutter*

SO WIRD'S GEMACHT

Das Bogenmotiv der Wachsfolie mit Goldblüte-Muster bedeckt die obere und untere Kante der Kerze. Zur Mitte hin läuft es spitz aus. Die Wachsfolie wird links und rechts von einer Längskante der Kerze angebracht.

Aus der gleichen Wachsfolie einen 20 cm langen und 0,5 cm breiten Streifen abschneiden, diesen wie eine Kordel drehen und anschließend an der schmalsten Stelle der Dekoration, also in der Mitte, fixieren. Die Kordel nach rechts unten auslaufen lassen.

Nun aus der Folie zwei verschieden gemusterte Blätter ausschneiden und rechts neben der Kordel anbringen. Ebenso aus der gleichen Folie einen 5 cm langen und 2 cm breiten Streifen zur Rose formen, dabei Rand wellig nach außen biegen und die Blüte über der Kordel und den Blättern festdrücken.

Zum Schluss die Kanten und Bögen mit Wachsverzierstreifen versehen.

Silbernes Kreuz

DAS WIRD GEBRAUCHT

- *Kerze in Weiß, 25 cm hoch, 8 cm Durchmesser*
- *je 1 Wachsfolie in Silber antik, Hellgrün, Weiß*
- *Hologramm-Wachsfolie in Silber*
- *3 Wachsborten in Silber*
- *Lineal*
- *Unterlage*
- *Cutter*

SO WIRD'S GEMACHT

Ein Kreuz aus der Wachsfolie in Silber antik ausschneiden – für den Längsbalken 16 cm und für den Querbalken 10 cm. Der Längs- und der Querbalken messen in der Mitte jeweils 2 cm und verbreitern sich an den Enden auf 3,3 cm.

Nun wird das Kreuz an der Kerze befestigt und ringsum mit der Wachsborte in Silber eingerahmt.

Schneiden Sie danach von der Hologramm-Wachsfolie in Silber 0,2 cm schmale Streifen ab, und setzen Sie diese oben am Kreuzungspunkt so auf, dass sie nach links und rechts schräg in Richtung Docht verlaufen. Drehen Sie als Nächstes aus der hellgrünen Wachsfolie einen Zweig. Bringen Sie diesen über dem Kreuz von rechts unten nach links oben an.

Dann schneiden Sie ebenfalls aus der hellgrünen Folie sieben Blätter aus und befestigen diese am Zweig entlang.

Jetzt machen Sie sich an die weißen Röschen. Dazu 0,8 cm breite Streifen aus der weißen Wachsfolie schneiden, den oberen Längsrand ca. 0,1 cm nach hinten abbiegen, dann zu kleinen Röschen einrollen und, wie auf der Abbildung zu sehen, auf die Laubblätter setzen.

Blätter und Bordüren

DAS WIRD GEBRAUCHT

- *Gelbe Kerze*
- *Kerze in Goldgelb, 24 cm hoch, 6 cm Durchmesser*
- *Modellierwachs in Weiß, Dunkelgrün, Gold*
- *1 Päckchen Wachsborten in Gold*

SO WIRD'S GEMACHT

Aus dem handwarmen dunkelgrünen Modellierwachs einen Zweig drehen und ab Kerzenmitte nach unten an die Kerze drücken. Ein kleines Stück vom weißen Modellierwachs in das dunkelgrüne einarbeiten, daraus zwölf Blätter formen und diese jeweils am unteren Blattende leicht zusammendrücken, damit die Blätter eine Wölbung erhalten.

Anschließend die Blätter links und rechts am Zweig fixieren. Auf der Blätterranke weiße und goldene Kügelchen aus Modellierwachs anbringen.

Zuletzt mit goldenen Wachsborten den oberen und unteren Rand der Kerze und den Blätterzweig beidseitig verzieren.

Die Verzierungen der roten Kugelkerze können Sie anhand des Bildes leicht nacharbeiten.

Jugendstil-Kerze

DAS WIRD GEBRAUCHT

- *Kerze in Champagnerfarbe, 41 cm hoch, 13 cm Durchmesser, mit 3 Dochten*
- *je 1 Wachsfolie in Weiß, Creme, Gold, Pink, Altrosa, Ocker, Hellblau, Mittelblau, Dunkelblau, Weinrot, Hochrot, Lachsrot, Dunkelgrün*
- *je 2 Wachsfolien in Braun, Dunkelbraun, Gelb, Hautfarbe*
- *Konturenpaste in Silber*
- *glatte Unterlage zum Zusammenstellen des Motivs, 35 x 35 cm groß*
- *Lineal*
- *Transparentpapier*
- *weicher Bleistift*
- *Schneidunterlage für die Wachsfolien*
- *Cutter*

SO WIRD'S GEMACHT

Die Vorlage für diese Kerzenverzierung finden Sie auf Seite 59. Es ist ganz wichtig, dass Sie bei der Abnahme der Vorlage ganz präzise vorgehen. Übertragen Sie die Motivteile auf Transparentpapier und nummerieren Sie exakt jedes einzelne Stück. Schneiden Sie alle Teile aus, und legen Sie diese auf die entsprechenden Wachsfolien. Nun schneiden Sie die Wachsfolienteile aus und legen diese dann auf die vorbereitete Unterlage – ein Stück an das andere.

Überprüfen Sie das fertige Bild auf seine Vollständigkeit.

Setzen Sie mit einem weichen Bleistift Markierungen auf die Kerze, damit Sie oben und unten gleichmäßige Ränder erhalten. Ziehen Sie dann eine Linie senkrecht nach unten.

Jetzt übertragen Sie das Motiv Stück für Stück auf die Kerze. Beginnen Sie dabei links oben.

Die Wachsfolienstücke lassen sich mit leichtem Druck befestigen. Nach nochmaliger Überprüfung des gesamten Bildes alle Schnittkanten mit einem dünnen Auftrag der silbernen Konturenpaste verzieren und trocknen lassen.

Tropfenmotiv

DAS WIRD GEBRAUCHT

- *Kerze in Champagnerfarbe, 26 cm hoch, 8 cm Durchmesser*
- *je 1 Wachsfolie in dunklem Pink, Hellgrün, Dunkelgrün*
- *2 Wachsverzierstreifen in Gold mit Perlmuster, 0,3 cm breit*
- *Transparentpapier*
- *Bleistift*
- *Unterlage*
- *Cutter*

SO WIRD'S GEMACHT

Nach dem Übertragen der Vorlage (Seite 61) auf das Transparentpapier und die pinkfarbene Wachsfolie das Tropfenmotiv zuschneiden und an der Kerze befestigen. An seinem Rand entlang den Wachsverzierstreifen anlegen, ebenso am unteren Teil innerhalb des Tropfens als Bogen formen.

Den Rest der Wachsfolie in der Hand so lange erwärmen, bis er leicht formbar wird. Eine Blüte mit leicht gewelltem Rand modellieren. Diese Blüte wird links unten an der Kerze fixiert.

Für die Herstellung der Blätter werden die hellgrüne und die dunkelgrüne Wachsfolie doppelt gelegt. Danach werden die Blattformen ausgeschnitten. Nachdem Sie diese in der Hand etwas erwärmt haben, formen Sie aus den ausgeschnittenen Teilen spitz zulaufende Blätter. Die helleren schieben Sie anschließend links und die dunkleren rechts unter die Blüte. Drücken Sie alle Teile fest.

Zum Schluss schaben Sie etwas Wachs vom Kerzenboden ab, erwärmen dieses in der Hand, drehen es zu kleinen Kügelchen und setzen die so entstandenen Staubgefäße in der Mitte der Blüte an.

Die Kerze links auf dem Bild haben Sie bereits auf Seite 26 kennen gelernt. Dort finden Sie auch die Anleitung für dieses ausgefallene Blütenmotiv.

Vergissmeinnicht und Blattgrün

DAS WIRD GEBRAUCHT

- *Kerze in Pink, 30 cm hoch, 7 cm Durchmesser*
- *1 Beutel Dekowachsfolie »Vergissmeinnicht«*
- *2 Beutel Dekowachsfolie dunkelgrünes Blattgrün*

SO WIRD'S GEMACHT

Die Dekoration dieser Kerze beschränkt sich auf den oberen Kerzenrand. Das Blattgrün so an der Kante anbringen, dass ein durchgehender schmaler Rand sichtbar wird.

Sechs verschieden lange Blattranken fixieren. Diese jeweils mit Vergissmeinnicht unterbrechen.

Am Beispiel der weißen Kerze sehen Sie eine weitere Dekorationsmöglichkeit mit Vergissmeinnicht und Blattgrün. Der Ring wurde mit Wachsverzierstreifen in Gold verschönert.

Blaue Kugelkerze

DAS WIRD GEBRAUCHT

- *Kugelkerze in Dunkelblau*
- *Wachsfolie in Weiß*
- *Transparentpapier*
- *Bleistift*
- *Unterlage*
- *Cutter*

SO WIRD'S GEMACHT

Die Vorlage von Seite 61 auf das Transparentpapier übertragen. Alle Teile ausschneiden, auf die weiße Wachsfolie legen und die Motive heraustrennen. Das Muster um die Mitte der Kerze anbringen.

Kerzen mit goldfarbenen Schablonenmustern

DAS WIRD GEBRAUCHT

- *Kerze in Champagnerfarbe, 14 x 14 x 10 cm, mit 4 Dochten*
- *Kerze in Lachsrot, 30 cm hoch, 8 cm Durchmesser*
- *Kerze in Weiß, 40 cm hoch, 8 cm Durchmesser*
- *6 Wachsfolien in hochglänzendem Gold*
- *Hologramm-Wachsfolie in Gold*
- *2 Wachsborten in Gold*
- *Lineal*
- *Transparentpapier*
- *weicher Bleistift*
- *Unterlage*
- *Cutter*

SO WIRD'S GEMACHT

Die quadratische Kerze mit den vier Dochten ist auf jeder Seite mit dem gleichen Motiv verziert.

Übertragen Sie die Vorlage von Seite 62 auf Transparentpapier, schneiden Sie dieses aus, und legen Sie die einzelnen Teile auf die hochglänzende Goldfolie. Schneiden Sie die Folienteile sehr sorgfältig aus, und drücken Sie diese an den vier Kerzenseiten an.

Aus der goldenen Hologramm-Wachsfolie schneiden Sie anschließend vier Streifen mit 14 cm Länge und 1 cm Breite zu. Bringen Sie je einen Streifen an jeder Kerzenseite, etwas vom unteren Rand entfernt, an. Dann setzen Sie über jedes Schablonenmuster je einen Streifen von 14 cm Länge und 0,3 cm Breite, darüber mit kleinem Zwischenraum einen schmäleren mit 14 cm Länge und 0,15 cm Breite. Wichtig ist, dass jeder Streifen an der Ecke genau an einen anderen anschließt.

Das Motiv auf der lachsroten Kerze lehnt sich an die Bauernmalerei an.

Nehmen Sie das Motiv mit Hilfe des Transparentpapiers von der Vorlage (Seite 62) ab. Da die goldene Wachsfolie sehr druckempfindlich ist, ist es ratsam, die Teile einzeln aus dem Transparentpapier auszuschneiden, auf die Goldfolie zu legen und mit dem Cutter herauszutrennen.

Markieren Sie mit Hilfe eines Lineals und eines weichen Bleistifts die Mitte der Kerze. Ausgehend von dieser Mitte, bringen Sie zunächst das mittlere Blattornament mit Stiel auf die Kerze. Dann folgen das obere Blatt- sowie das Blütenornament. Schließlich drücken Sie noch das untere Blattornament und die Schleife an. Mit den Bogenornamenten umschließen Sie das Blütenmotiv.

Fertigen Sie dann für den oberen und unteren Rand der Kerze noch eine Verzierung aus je einem Streifen Goldfolie an. Dieser muss 6 cm lang und 1 cm breit sein. Die Streifen rahmen Sie zum Schluss beidseitig mit einer goldenen Wachsborte ein.

Auf der großen weißen Kerze ist ebenfalls ein Schablonenmotiv angebracht.

Nehmen Sie dieses Motiv (Vorlage Seite 64) wieder mit Hilfe des Transparentpapiers ab. Schneiden Sie jedes einzelne Teil vorsichtig aus der Wachsfolie aus, und achten Sie besonders auf ganz glatte Schnittkanten.

Übertragen Sie als Erstes den großen, spitz zulaufenden Bogen auf die Kerze, befestigen Sie dann die innen liegende Teile, und setzen Sie zum Schluss die unteren Motivstücke an.

Zur Taufe

Jedes Kind ist ein Individuum. Seine Einzigartigkeit können Sie mit einer selbst verzierten Taufkerze als Geschenk eindrucksvoll künstlerisch betonen.

Kerze mit rotem Emblem

(links im Bild)

DAS WIRD GEBRAUCHT

- *Kerze in Weiß, 30 cm hoch, 7 cm Durchmesser*
- *Pax-Motiv aus Wachs in Schwarz*
- *je 1 Wachsfolie in Dunkelrot, Schwarz, Gold*
- *Lineal*
- *Unterlage*
- *Cutter*

SO WIRD'S GEMACHT

Legen Sie das Pax-Motiv auf die dunkelrote Wachsfolie, und schneiden Sie diese exakt aus. Drücken Sie Motiv und Hintergrund an die Kerze.

Über dem Motiv bringen Sie einen 23 cm langen und 1 cm breiten Streifen aus dunkelroter Wachsfolie an, auf diesen setzen Sie dann einen schwarzen mit 0,4 cm und einen goldenen mit 0,2 cm Breite. Der rote Streifen am unteren Rand ist 3 cm breit, der schwarze 2 und der goldene 1 cm.

Spruchband

(zweite von links)

DAS WIRD GEBRAUCHT

- *Kerze in Weiß, 24 cm hoch, 8 cm Durchmesser*
- *je 1 Wachsfolie in Hellblau-Weiß marmoriert, Hellblau, Weiß*
- *6 Wachsverzierstreifen in Gold*
- *Wachs-Deko-Taube in Weiß*
- *Zierschrift aus Wachs »Zur hl. Taufe«*
- *Lineal*
- *Unterlage*
- *Cutter*

SO WIRD'S GEMACHT

Für diese Taufkerze werden zunächst zwei halbkreisförmige, oben spitz zulaufende Teile aus der marmorierten Wachsfolie ausgeschnitten. Danach werden zwei kleinere Teile aus hellblauer Wachsfolie ausgeschnitten, die dann auf die marmorierten Formen gesetzt werden. Die nach links gewölbte Figur wird exakt am unteren Rand der Kerze angesetzt, die nach rechts gewölbte Figur wird zum oberen Rand hin verschoben angebracht.

Nun werden den Kanten entlang die goldenen Wachsverzierstreifen angedrückt. Aus der weißen Wachsfolie wird ein 10 cm langes und 2 cm breites Spruchband ausgeschnitten. Beide Enden bekommen spitz zulaufende Einschnitte. Auf dem Spruchband wird die Zierschrift »Zur hl. Taufe« angebracht. Zum Schluss wird zwischen die beiden Bogenfiguren eine weiße Taube aus Wachs befestigt.

Namenszug

(Seite 46/47 Bildmitte)

DAS WIRD GEBRAUCHT

- *Kerze in Cremefarbe, 26 cm hoch, 6 cm Durchmesser*
- *4 halbrunde Wachsverzierstreifen in Gold, 0,2 cm breit*
- *Pax-Motiv aus Wachs in Gold, ca. 11 cm groß*
- *Beutel Blätterranken in Gold*
- *Hologramm-Wachsfolie in Gold*
- *Lineal*
- *Unterlage*
- *Cutter*

SO WIRD'S GEMACHT

Für den oberen Kerzenrand aus der goldenen Hologramm-Wachsfolie einen beidseitig unregelmäßig gebogenen Streifen in der Länge von 20 cm ausschneiden und, von der Rückseite der Kerze ausgehend, so andrücken, dass noch Platz bleibt für die Wachsverzierstreifen, die die Hologramm-Wachsfolie beidseitig einrahmen.

Den unteren Rand mit gleichem Material verzieren. Dieser Streifen muss jedoch etwas breiter als der obere sein und nur oben unregelmäßige Bögen aufweisen. Diese Bögen werden erst mit dem Wachsverzierstreifen, dann mit einer Blätterranke versehen.

Als Nächstes das Pax-Motiv maßgerecht zwischen den beiden Schmuckrändern anbringen. Aus den Wachsverzierstreifen z. B. die Buchstaben JONAS formen und mittig über dem Pax-Motiv verteilt fixieren.

Blaues Pax-Motiv

(Seite 46/47 zweite von rechts)

DAS WIRD GEBRAUCHT

- *Kerze in Weiß, 30 cm hoch, 6 cm Durchmesser*
- *je 1 Wachsfolie in Mittelblau, hochglänzendem Gold*
- *1 Beutel Blätterranken in Gold*
- *Wachsborte in Gold*
- *Lineal*
- *Unterlage*
- *Cutter*

SO WIRD'S GEMACHT

Für diese Taufkerze schneiden Sie vier 0,7 cm breite Streifen aus der mittelblauen Wachsfolie aus. Diese Streifen legen Sie auf die hochglänzende Goldfolie und schneiden abschließend beide Folien zusammen so aus, dass beidseitig je 0,1 cm der Goldfolie sichtbar bleibt. Daraus formen Sie die stilisierte Krone mit dem Kreuz sowie das Pax-Zeichen mit dem integrierten M. In gleicher Weise gestalten Sie die Buchstaben AVE MARIA oder die Wörter »Zur hl. Taufe«.

Nun bringen Sie zwei weitere blau-goldene Streifen im gleichen Maß, wie oben angegeben, unten an der Kerze an und ergänzen dieses Band mit der Wachsborte.

In einem letzten Arbeitsschritt legen Sie über das Pax-Motiv noch eine goldene Blätterranke.

Mit Acrylfarbe bemalte Kerze

(Seite 46/47 rechts im Bild)

DAS WIRD GEBRAUCHT

- *Kerze in Weiß, 24 cm hoch, 6 cm Durchmesser*
- *je 1 Wachsfolie in Hochrot, hochglänzendem Gold, Mittelblau*
- *halbrunde Wachsverzierstreifen in Gold, 0,2 cm breit*
- *Goldglitter*
- *Acrylfarbe in Dunkelgrün*
- *runder Pinsel, Nr. 4*
- *Glas mit Wasser, zum Säubern des Pinsels*
- *Spülmittel*
- *Lappen*
- *Zirkel*
- *Lineal*
- *Transparentpapier*
- *Bleistift*
- *Unterlage*
- *Cutter*

SO WIRD'S GEMACHT

Aus der roten Wachsfolie einen Kreis mit einem Durchmesser von 7 cm ausschneiden und mit unverdünntem Spülmittel abwischen. Danach die dunkelgrüne Acrylfarbe über zwei Drittel des Kreises auftragen. Darüber Goldglitter streuen. Die Scheibe an der unteren Hälfte der Kerze anbringen und mit Wachsverzierstreifen umrahmen.

Das Taubenmotiv aus der Vorlage, Seite 61, auf das Transparentpapier übertragen, auf die hochglänzende Goldfolie auflegen und heraustrennen. Die Taube auf der Scheibe so fixieren, dass die Flügelspitzen über den Kreis hinaus zeigen.

Unten an der Scheibe goldene Wachsverzierstreifen wellenförmig anbringen, wobei ein Streifen über den roten Wachsfolienteil verläuft. Für das Kreuz aus der blauen Wachsfolie einen Streifen mit 0,4 cm Breite ausschneiden. Das Kreuz über dem runden Motiv anbringen und zusätzlich mit Wachsverzierstreifen einseitig belegen, deren Enden oben und rechts überstehen. Die Verlängerung des Längsbalkens unter dem runden Motiv mit abgeschrägtem oberem Ende sowie dem unten überstehenden Wachsverzierstreifen andrücken.

Kommunionkerzen

Das Fest der heiligen Kommunion wird mit selbst gestalteten Kerzen noch feierlicher.

DAS WIRD GEBRAUCHT

- *2 Kommunionkerzen in Weiß, 48 cm hoch, 2,5 cm Durchmesser*
- *1 Beutel Blattornamente in Gold*
- *Wachsfolie in Gold antik, Cremefarbe*
- *3 verschiedene Wachsborten in Gold*
- *halbrunder Wachsverzierstreifen in Gold, 0,2 cm breit*
- *Wachsornament »Kelch mit Hostie« in hochglänzendem Gold*
- *Pinsel*
- *Lineal*
- *Unterlage*
- *Cutter*

- *Kommunionkerze in Weiß, 48 cm hoch, 3,5 cm Durchmesser*
- *Wachsfolie in Silber antik*
- *1 Beutel Blattornamente in Silber*
- *Pax-Motiv aus Wachs in Silber*
- *Schriftzug aus Wachs »Zur ersten hl. Kommunion«*
- *Wachsborte in Silber*
- *Pinsel*
- *Lineal*
- *Unterlage*
- *Cutter*

SO WIRD'S GEMACHT

Für die Kerze mit goldenen Blattornamenten (im Bild links) schneiden Sie zwei 8,5 cm lange und 2 cm breite Streifen aus der Wachsfolie in antikem Gold aus und bringen diese oben und unten an der Kerze an. Achten Sie dabei darauf, dass der untere Abstand zur Dekoration ca. 10 cm sein soll (unten wird die Kerze gehalten).

Nun rahmen Sie die Wachsfolie oben und unten mit unterschiedlichen goldfarbenen Wachsborten ein und winden von unten schräg nach oben die Blattornamente in Gold wie eine Girlande um die Kerze herum.

Für die Kerze mit Verzierung in Silber (Bildmitte) schneiden Sie zwei Streifen aus der Wachsfolie in Silber antik 11,5 cm lang und 6 cm breit ab. Falten Sie die Streifen nun der Länge nach je 2 cm nach hinten um und drücken Sie die Streifenteile leicht an.

Die leicht gewellten Ränder der Streifen entstehen folgendermaßen: Legen Sie einen Pinsel in den Falz jeweils eines umgeknickten Streifenteils, drücken Sie das Streifenteil an den Pinsel, und ziehen Sie den Pinsel langsam von links nach rechts heraus (Abb. oben).

Um die Mitte der Folie legen Sie eine Wachsborte nach Wahl.

Dann bringen Sie das Pax-Motiv auf der Kerze an und legen eine Blätterranke darüber. Alle Teile gut andrücken.

Abschließend bringen Sie über dem Pax-Zeichen den Schriftzug »Zur ersten hl. Kommunion« gut sichtbar an.

Für die Kerze mit Kelch (rechts im Bild) schneiden Sie zwei Streifen aus der cremefarbigen Wachsfolie. Sie müssen jeweils 8,5 cm lang und 4 cm breit sein. Dann legen Sie jeden Streifen der Länge nach je 1 cm nach hinten um und drücken ihn leicht fest. Schieben Sie einen Pinselstiel oder dergleichen unter die Ränder der Folie, und ziehen Sie ihn leicht von links nach rechts weg, damit ein leicht gewellter Rand entsteht.

Um die Mitte der Wachsfolie legen Sie einen halbrunden Wachsverzierstreifen.

Unter und über dem gewellten Rand wird eine Wachsborte angebracht. Dann das Wachsornament »Kelch mit Hostie« andrücken. Achten Sie auch hier darauf, dass die Verzierung so angelegt ist, dass die Kerze später gut gehalten werden kann.

Bienenwachskerzen

Diese Kerzen bestehen alle aus reinem Bienenwachs. Sie eignen sich sehr gut zum Bemalen. Ob Sie sich genau an die Farbvorgabe auf dem Bild halten oder etwas Eigenes kreieren wollen – Sie werden ganz sicher viel Freude beim Verzieren haben.

DAS WIRD GEBRAUCHT

- *Kerze mit Wintermotiv, 11 cm hoch, 5,5 cm Durchmesser*
- *Kerze mit Rosenranke, 14 cm hoch, 5,5 cm Durchmesser*
- *Kerze mit Blumenstrauß, 18 cm hoch, 9 cm Durchmesser*
- *kleine Kerze mit Blümchen, 6 cm hoch, 4,5 cm Durchmesser*
- *Kerze mit Ornamenten und Rosen, 13 cm hoch, 8 cm Durchmesser*
- *Kerze mit blauen Blumen, 13 cm hoch, 8 cm Durchmesser*
- *Acryl-Mattfarbe in Rot, Gelb, Weiß, Grün, Dunkelblau, Rosa*
- *Goldbronze*
- *runder Pinsel, Nr. 4*
- *Glas mit Wasser zum Säubern des Pinsels*
- *Lappen*

SO WIRD'S GEMACHT

Bei der zweiten Kerze von rechts werden die Ornamente vergoldet und die Blüten rosa sowie deren Blätter grün angemalt.

Es weihnachtet sehr!

Was wäre der Dezember ohne Kerzenschein? Mit weihnachtlich dekorierten Kerzen erstrahlt der ganze Raum im festlichen Glanz.

Adventskalender-Kerze

DAS WIRD GEBRAUCHT

- *Kerze in Weiß, 40 cm hoch, 8 cm Durchmesser*
- *3 Wachsfolien in Weinrot*
- *2 Wachsfolien in Schwarz*
- *je 1 kleine Wachsfolie in Grün, Creme*
- *Wachsfolie in hochglänzendem Gold*
- *Lineal*
- *Transparentpapier*
- *Bleistift*
- *Unterlage*
- *Cutter*

SO WIRD'S GEMACHT

Das Nikolausmotiv finden Sie als Vorlage auf Seite 58. Übertragen Sie es auf das Transparentpapier und die entsprechenden Wachsfolien. Schneiden Sie die Teile exakt aus, und legen Sie diese zunächst auf der Unterlage zurecht, bevor Sie die Stücke dann auf der Kerze fixieren.

Seitlich versetzt entlang dem weißen Mantelrand werden die gleich großen Zahlenherzen angebracht. Für den 24. ist jedoch ein größeres Herz vorgesehen.

Aus der Wachsfolie in hochglänzendem Gold ca. 0,3 cm breite Streifen abschneiden. Hierzu Lineal so anlegen, dass 0,3 cm sichtbar sind, dann mit dem Cutter entlang des Lineals abschneiden. Nach jedem Schnitt Cutter säubern. Somit erhalten Sie immer wieder glatte Schnittkanten. Aus den abgeschnittenen Streifen formen Sie Ziffern und drücken diese in der richtigen Reihenfolge auf die entsprechenden Herzen.

TIPP

Aus den übrig bleibenden Streifen kann auf der Rückseite der Kerze noch ein Schriftzug (eine Widmung) angebracht werden.

Weihnachtskerzen

DAS WIRD GEBRAUCHT

- *Kerzenformen zum Selbergießen*
- *Kerzen in verschiedenen Formen und Größen*
- *Kerzendekos*
- *Silberfolie*
- *Goldglimmer*
- *Silberbronze*
- *Goldbronze*
- *flacher Pinsel*
- *Tuch*
- *Unterlage*

SO WIRD'S GEMACHT

Für die hier abgebildeten Kerzen verwenden Sie fertige Kerzen, oder Sie gießen sie selbst mit Hilfe von im Fachhandel erhältlichen Gießformen. Das Ausschmücken der dargestellten Kerzen ist einfach und gelingt groß und klein.

Die grüne Tanne links im Bild ist 22 cm hoch und hat einen Durchmesser von 12 cm. Auf ihren Spitzen sitzen kleine Glocken und

Sterne aus Wachs. Der Fachhandel bietet hierzu viel unterschiedliches Dekor an.

Dahinter steht ein gelber Tannenbaum im Gefäß. Beides ist in einem Stück aus Bienenwachs gegossen. Die Maße sind: 18 cm hoch und 5 cm Durchmesser. Auf den Tannenspitzen liegt ein Hauch Goldglimmer.

Die kleine weinrote Kugelkerze mit Wellen (Seite 53 links im Bild) ist 8 cm hoch und hat einen Durchmesser von 8 cm. Die schräg verlaufenden Wellen sind ganz leicht mit Silberbronze bedeckt.

Der flach liegende Tannenzapfen (18 cm hoch, 6 cm Durchmesser) ist aus reinem Bienenwachs hergestellt und mit Goldglimmer überzogen.

Der silbrige Kerzenhalter mit der roten Kerze besteht aus einem Guss. Der gewölbte Grund des Kerzenhalters misst 10 cm Höhe. Seine Gesamtlänge beträgt 28 cm. Hier ist nur der angegossene Kerzenhalter mit Silberfarbe bemalt.

Die dunkelblaue Kerze mit Sternendekor ist 14 cm hoch und hat einen Durchmesser von 6 cm. Sterne und Strahlen weisen einen zarten Goldschimmer auf. Dieser wird mit Goldbronze aufgebracht; das heißt, der Pinsel wird in die Goldbronze getaucht, anschließend die Farbe auf einem Tuch abgestrichen, und mit der verbleibenden Farbe wird leicht über die erhabenen Konturen gewischt.

Die ovale Bienenwachskerze mit den angegossenen Sternen (Seite 53 rechts im Hintergrund) ist 14 cm hoch und weist einen Durchmesser von 6 cm auf. Die Sternenränder sind vergoldet, das Innere der Sterne ist mit Goldglimmer eingedeckt.

Der große Tannenzapfen rechts (12 cm hoch, 6 cm Durchmesser) ist wiederum aus reinem Bienenwachs gegossen und an den abstehenden Samenständen ganz leicht vergoldet.

Den dunkelgrünen Tannenbaum mit Silberspitzen (Seite 53 rechts im Bild) können Sie gut mit Kindern herstellen, da Sie in kurzer Zeit und mit wenig Material zum Ergebnis kommen.

Die Tannenbaumkerze auf die Unterlage stellen. Den Pinsel in die Silberbronze eintauchen. Die Farbe auf der Unterlage abstreifen und dann leicht über die abstehenden Spitzen der Kerze führen.

Kerzenhalter mit Engel

DAS WIRD GEBRAUCHT

- *Kerze in einem Guss mit dem Kerzenhalter*
- *Acryl-Mattfarbe in Dunkelrot, Gold, Hautfarbe, Hellbraun*
- *runder Pinsel, Nr. 4*
- *Glas mit Wasser zum Säubern des Pinsels*
- *Lappen*
- *Spülmittel*
- *Unterlage*

SO WIRD'S GEMACHT

Den Kerzenhalterteil mit dem unverdünnten Spülmittel sorgfältig

abreiben, damit der folgende Farbauftrag haften bleibt. Dann mit der dunkelroten Acryl-Mattfarbe bemalen. Nach dem vollständigen Trocknen ein zweites Mal mit der gleichen Farbe anstreichen und die Goldfarbe auftupfen. Hierzu nehmen Sie mit dem Pinsel die goldene Farbe auf, streichen diese auf dem Lappen etwas ab und tupfen sie dann in den noch feuchten roten Farbauftrag. Die Flügel des Engels ganz mit Gold eindecken, das Gesicht mit der Hautfarbe, die angedeuteten Augen und den Mund mit der hellbraunen Farbe, das Haar hellbraun, mit Hautfarbe vermischt, anmalen.

Tannenzweig

DAS WIRD GEBRAUCHT

- *Beliebige Kerze*
- *je 1 Wachsfolie in Hell- und Tannengrün, Braun, Dunkelbraun*
- *Goldbronze*
- *flacher Pinsel*
- *Unterlage*
- *Cutter*

SO WIRD'S GEMACHT

Aus der hell- und tannengrünen Wachsfolie viele kleine Spitzen schneiden und damit den Tannenzweig gestalten. Die Nadeln überlappend anordnen.

Für die Tannenzapfen ca. 20 leicht ovale Schuppen aus brauner und dunkelbrauner Wachsfolie ausschneiden. Eine Schuppe für die Zapfenspitze auf die Kerze drücken, darunter zwei weitere anordnen, in der nächsten Reihe dann drei. Den Rest der Gestaltung übernehmen Sie aus der Abbildung. Darauf achten, dass sich die Schuppen überlappen.

Kerze mit Tannenbaum und Sternen

DAS WIRD GEBRAUCHT

- *Stumpenkerze in Weiß, 15 cm hoch, 10 cm Durchmesser*
- *je 1 Wachsfolie in Ocker, Dunkelblau, Tannengrün, hochglänzendem Gold*
- *2 halbrunde Wachsverzierstreifen in Gold, 0,2 cm breit*
- *Transparentpapier*
- *Bleistift*
- *Unterlage*
- *Cutter*

SO WIRD'S GEMACHT

Aus der ockerfarbenen und dunkelblauen Wachsfolie eine Form, die seitlich abgeschrägt ist, ausschneiden und an der Kerze dicht nebeneinander andrücken. Darüber die stilisierte Tanne anbringen. (Die Vorlage dazu finden Sie auf Seite 61.) Am linken und rechten Rand des ocker-blauen Hintergrunds die Wachsverzierstreifen fixieren. Zuletzt noch drei Sterne (siehe Vorlage auf Seite 61) aus der hochglänzenden Goldfolie heraustrennen und, wie aufgezeigt, die Kerze damit zusätzlich dekorieren.

Weitere Verzierideen

Kerzen lassen sich beinahe unendlich vielfältig verzieren. Falls Sie bei den bisher vorgestellten Objekten vergeblich eine »ABC-Kerze« gesucht haben oder schöne Motive aus Illustrierten oder Katalogen auf eine Kerze bringen wollen – hier werden Sie fündig.

ABC-Kerze

DAS WIRD GEBRAUCHT

- *Kerze in Dunkelblau, 20 cm hoch, 7 cm Durchmesser*
- *2 Wachsfolien in Gold antik*
- *40 Wachsbuchstaben, 1,2 cm groß*
- *Lineal*
- *Unterlage*
- *Cutter*

SO WIRD'S GEMACHT

Aus der goldenen Wachsfolie 55 Quadrate mit dem Maß 2 mal 2 cm ausschneiden und schachbrettartig die ganze Kerze damit verzieren. Dazwischen die goldenen Wachsbuchstaben aufsetzen.

Kerze mit Motiven aus Katalogen und Illustrierten

DAS WIRD GEBRAUCHT

- *Kerze in beliebiger Farbe und Größe*
- *Albumblätter, Zeitungsausschnitte, Ausschnitte aus Katalogen und dergleichen*
- *1 Beutel Wachsklebeplättchen*

SO WIRD'S GEMACHT

Mit Albumblättern, Zeitungsausschnitten und dergleichen können Sie schnell und preiswert Kerzen verzieren. Auch Kinder haben großen Spaß daran.

Sie brauchen hierzu nur die Wachsklebeplättchen zu zerdrücken und auf die Rückseite des Albumbildes oder Zeitungsausschittes verteilen und dann an der Kerze befestigen.

Vorlagen

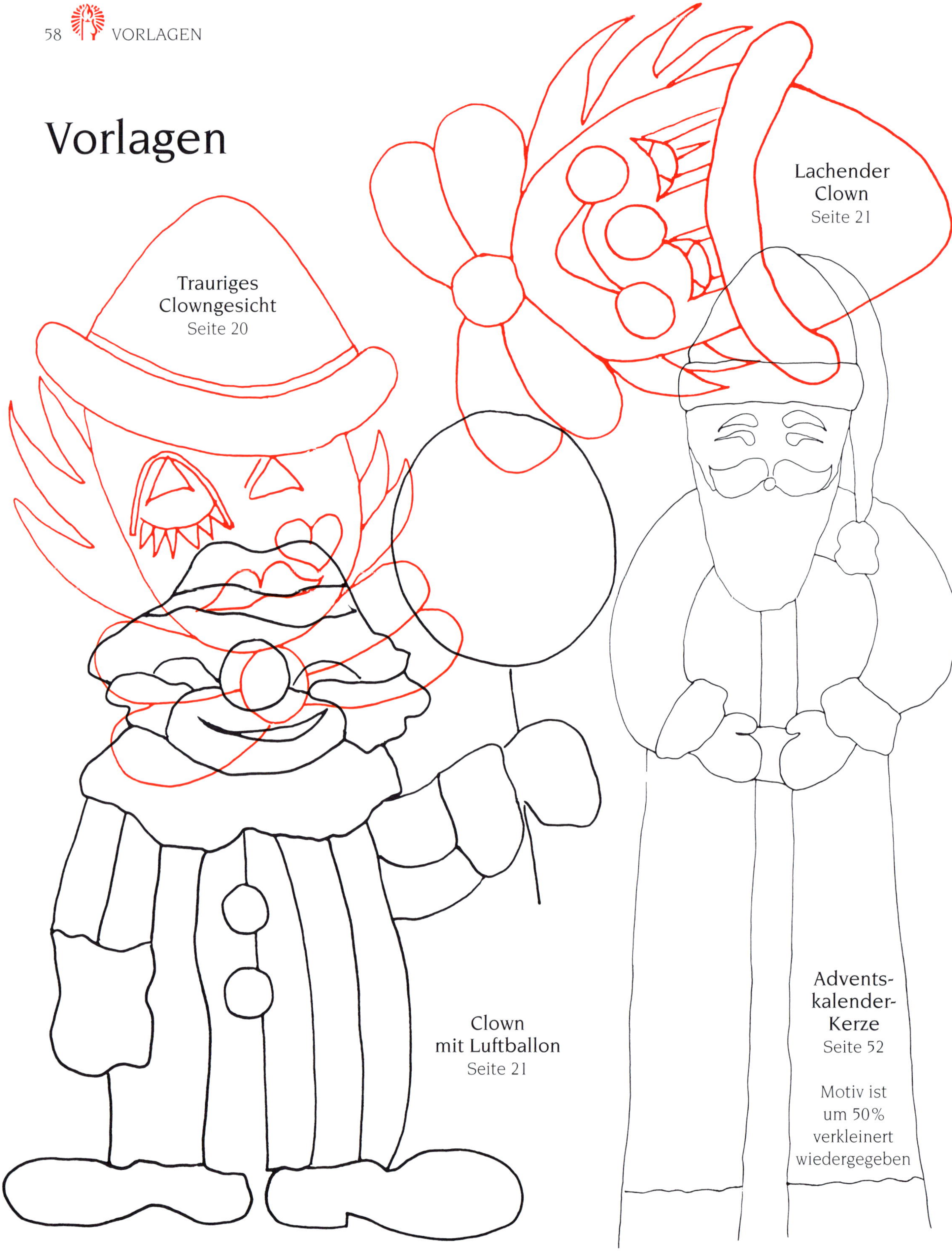
Trauriges Clowngesicht
Seite 20
Lachender Clown
Seite 21
Clown mit Luftballon
Seite 21
Advents-kalender-Kerze
Seite 52
Motiv ist um 50% verkleinert wiedergegeben

Kerze in Petrol
Seite 37
Scheren schnitt-Kerze
Seite 12
Teddybär-Kerze
Seite 23
Jugendstil-Kerze
Seite 41
Motiv ist um 50% verkleinert wiedergegeben

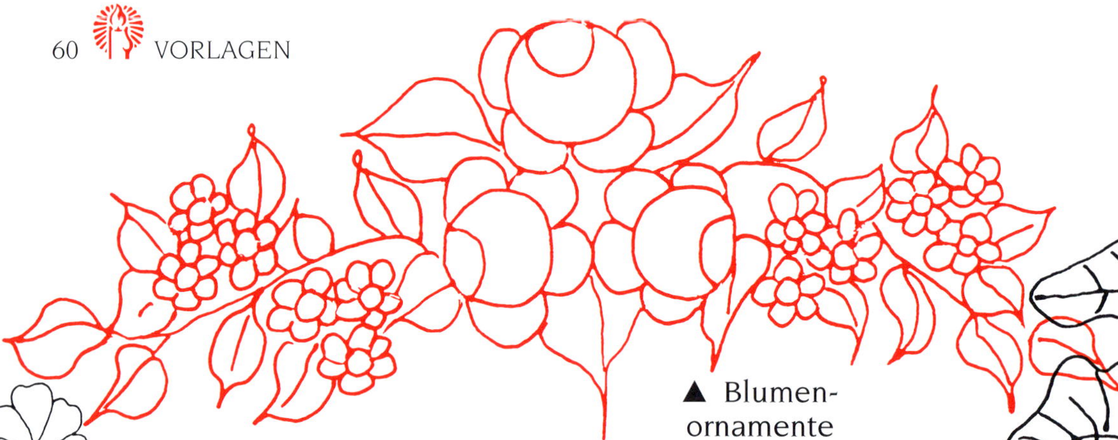

▲ Blumen-
ornamente
Rosenmotiv – Seite 24

◀ Blumen-
ornamente
Girlande – Seite 24

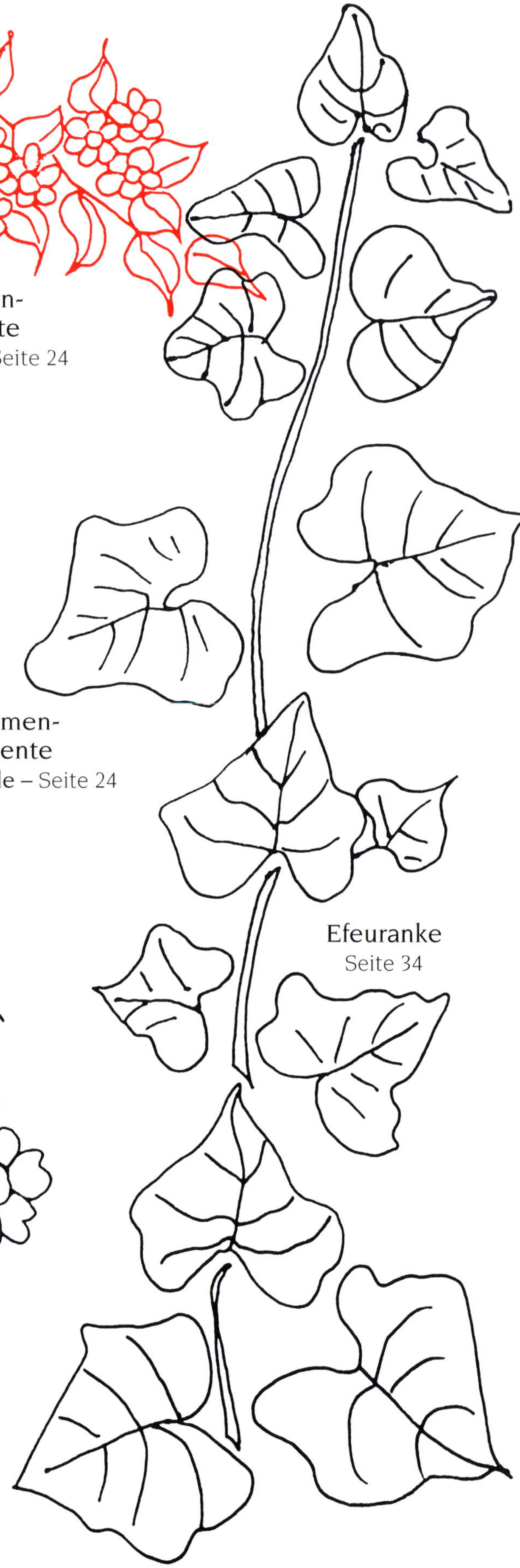

Efeuranke
Seite 34

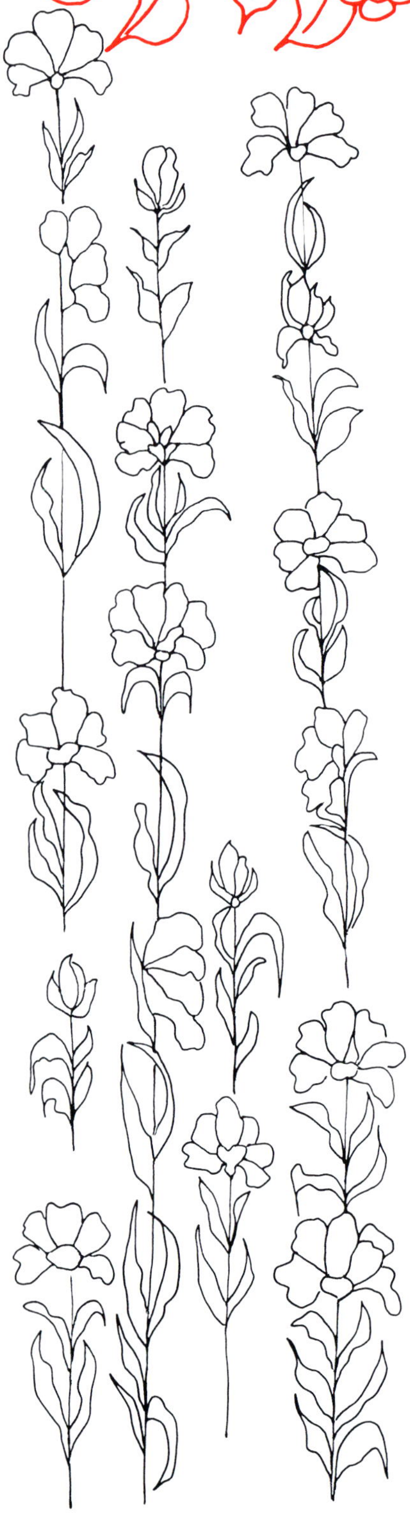

◀ Blumen-
ornamente
Nelkenmotiv – Seite 24
Motiv ist um 50% verkleinert wiedergegeben

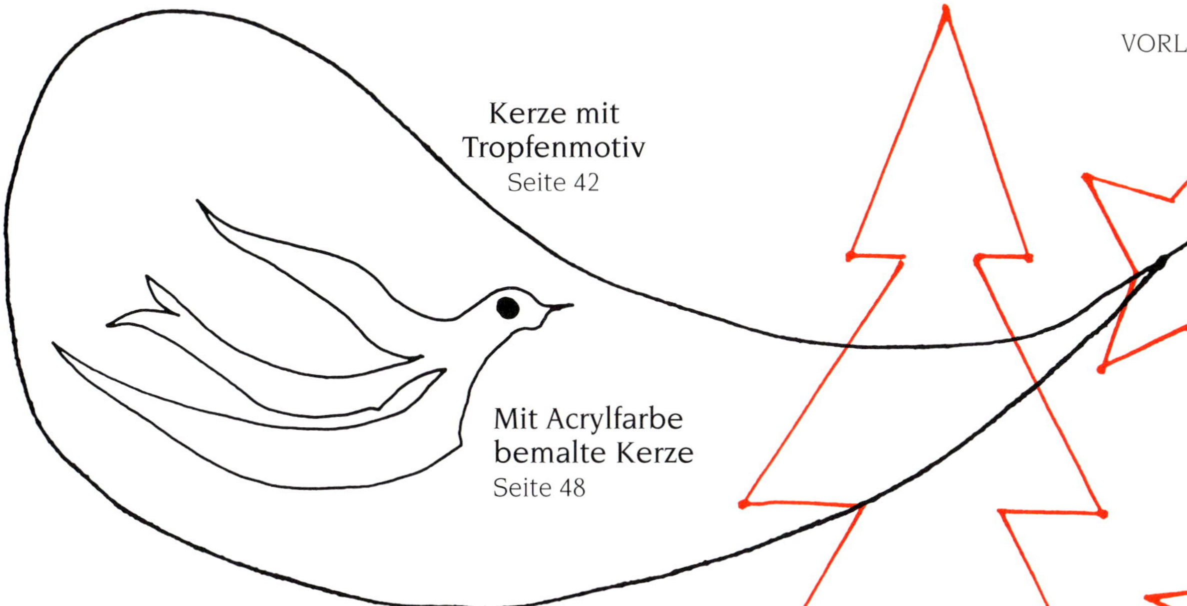

Kerze mit Tropfenmotiv
Seite 42

Mit Acrylfarbe bemalte Kerze
Seite 48

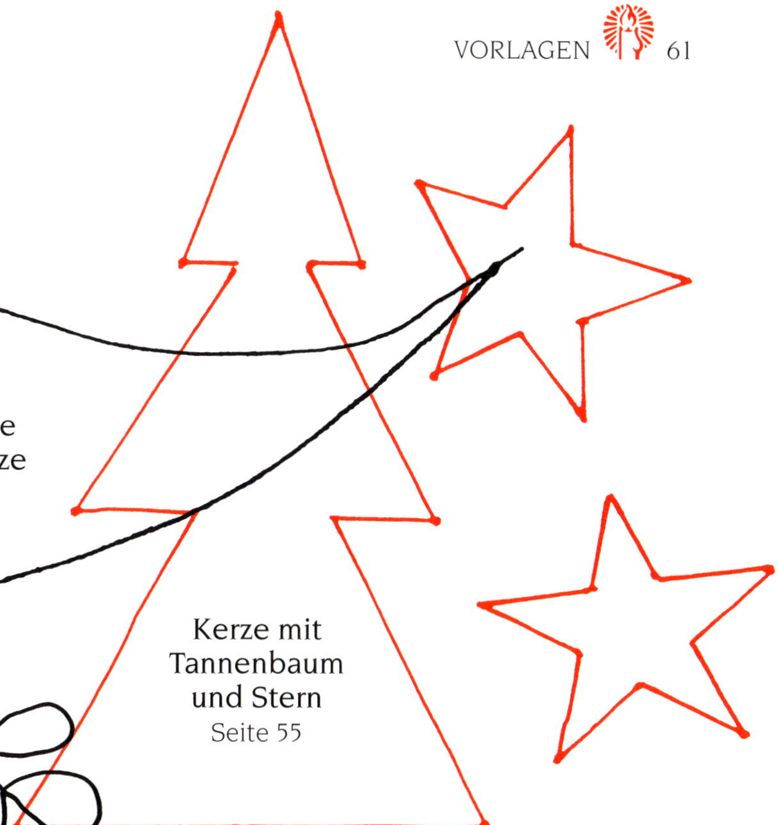

Kerze mit Tannenbaum und Stern
Seite 55

Folkloristische Kerze
Seite 32

Herzlichst!

Alle guten Wünsche

Zum Geburtstag!

Glückwünsche
Seite 10

Blaue Kugelkerze
Seite 43

◀ Kerze mit goldfarbenen Schablonenmustern ▼

Seite 44

Blumengesichter

Seite 22

Rosenkerze
Seite 26
Tulpenstrauß
Seite 26
Mohnblume
Seite 28
Stiefmütterchen
Seite 28
Enzian
Seite 28

Kerze mit goldfarbenen Schablonenmustern
Seite 44

Die Deutsche Bibliothek – CIP-Einheitsaufnahme

Kerzen verzieren für feierliche Anlässe / Helga Sander. – München : Augustus-Verl., 2000
ISBN 3-8043-0349-8

Fotografie: Annette Hempfling, München
Umschlagfoto: Klaus Lipa, Diedorf bei Augsburg
Lektorat: Susanne Gugeler, Mering
Umschlagkonzeption: Kontrapunkt, Kopenhagen
Umschlaglayout: Melanie Gradtke
Layout: Anton Walter, Gundelfingen

AUGUSTUS VERLAG, München 2000

Satz: Gesetzt aus 10 Punkt Novarese von DTP-Design Walter, Gundelfingen
Reproduktion: GAV Prepress, Gerstetten
Druck und Bindung: Appl, Wemding

Gedruckt auf 135 g umweltfreundlich elementar chlorfrei gebleichtem Papier.

ISBN 3-8043-0349-8

Printed in Germany